Glutenfreies Brot

VERLAGSGRUPPE PATMOS

PATMOS
ESCHBACH
GRUNEWALD
THORBECKE
SCHWABEN
VER SACRUM

Die Verlagsgruppe
mit Sinn für das Leben

Für die Verlagsgruppe Patmos ist
Nachhaltigkeit ein wichtiger Maßstab
ihres Handelns. Wir achten daher
auf den Einsatz umweltschonender
Ressourcen und Materialien.

2. Auflage 2021
Alle Rechte vorbehalten
© der deutschen Ausgabe 2018
Jan Thorbecke Verlag
Verlagsgruppe Patmos in der
Schwabenverlag AG, Ostfildern
www.thorbecke.de
© der Originalausgabe mit dem Titel
„baka nytt" 2015 bei Maria Blohm,
Jessica Frej und Massolit Förlag,
Massolit Förlagsgrupp AB, Schweden

Umschlaggestaltung: Finken & Bumiller,
Stuttgart
Gestaltung: Mikael Engblom
Druck: PNB Print Ltd, Silakrogs
Hergestellt in Lettland
ISBN 978-3-7995-1220-6 (Print)
ISBN 978-3-7995-1278-7 (eBook)

MARIA BLOHM & JESSICA FREJ
FOTOS SONJA DAHLGREN

Glutenfreies Brot

NEUE REZEPTE FÜR GESUNDEN GENUSS

Aus dem Schwedischen von Ricarda Essrich

Jan Thorbecke Verlag

Inhalt

Vorwort 8

Zutaten 11

Unsere Definition von natürlich glutenfrei 15

Öfen 16

Waage 17

Hefe 18

Aufbewahrung & Haltbarkeit 22

Fragen & Antworten 23

Rezepte

Gotland-Brot 26

Mohnbrötchen 29

Hotdog-Brötchen 30

Rosinenbrötchen 33

Preiselbeerbrot 34

Käsebrötchen 37

Früchte-Nuss-Brot 38

Dunkle Brötchen mit Kaffee und Hagebutten 41

Ciabatta 42

Kerniges Brot 45

Einfache Maisbrötchen 46

Landbrot 49

Aprikosenbrötchen mit Kürbiskernen 50

Sauerteige 52

Sauerteig aus Teff 55

Sauerteig aus Mais und Reis 56

Sauerteigbrötchen 59

Finnisches Sauerteigbrot 60

Sauerteigbrot aus Mais und Reis 63

Sauerteigbrot mit Teff-Sauerteig 64

Grissini mit Sauerteig und Mohn 67

Wie man Brotrezepte entwickelt 68

Knäckebrötchen 72

Sesambrot 75

Olivenbrot 76

Hamburger-Brötchen 79

Milo-Baguette 80

Kastenweißbrot 83

Weihnachtsbrot 86

Weihnachtsknäcke 89

Haferbrötchen 90

Früchtebrot 93

Brotküchlein 94

Mandelküchlein 97

Wie sich unsere Wege kreuzten 98

Süßes Brot 102

Brioches 105

Teigruhe über Nacht: Brot mit Honig 106

Körnerkekse 109

Baguette 110

Landbrot mit Milo und Hagebutten 113

Körnerbrötchen 114

Partybrötchen 117

Dänische Mohnbrötchen 118

Sonnenblumenkernbrötchen mit Honig 123

Dank 126

Register 127

Vorwort

Im Frühjahr 2012 begannen wir mit dem Experimentieren für das, was später „Glutenfreies Brot" werden sollte, ein Buch mit Rezepten für leckeres, glutenfreies Brot. Heute, drei Jahre später, haben wir uns wieder mit glutenfreiem Brot beschäftigt, und wir haben noch mehr dazugelernt. Weil wir inzwischen die Eigenschaften der Zutaten kennen, geht uns das Ausprobieren der Rezepte viel leichter und schneller von der Hand. Jetzt sind wir in der Lage, all die wunderbaren Brotsorten herzustellen, die wir uns immer gewünscht hatten.

Es ist ein Buch, das uns sehr glücklich macht, denn es enthält Brot, das wir gerne backen und anderen anbieten. Es steckt voller ganz neuer, einzigartiger Rezepte — die besten Rezepte, die wir bisher entwickelt haben. Wir sind besonders stolz und glücklich, dass es uns gelungen ist, all diese wunderbaren hellen Brotsorten wie Baguettes, Kastenweißbrot, Brötchen, Ciabatta o. Ä. zu backen. Hierfür waren sehr viele Versuche und eine gehörige Portion Hartnäckigkeit nötig.

Unser erstes Buch begannen wir mit den Worten „Dies hier ist das wichtigste Buch der Welt". Damals fanden wir es sehr wichtig — und das ist immer noch so —, dass jeder die Möglichkeit haben sollte, leckeres Brot zu essen. Wir lieben belegte Brote und finden, es gibt kaum etwas Besseres als ein Brot mit Butter, Käse und dazu eine Tasse schwarzen Kaffee.

In diesem Buch finden Sie Brotrezepte für alle Gelegenheiten, damit jeder sein Lieblingsbrot essen kann.

Wir hoffen, mit diesem Buch vielen, die aus den verschiedensten Gründen kein Gluten und Weizen zu sich nehmen, eine Freude zu bereiten.

Wir wünschen viel Spaß und viel Genuss!
Jessica und Maria

Zutaten

Maismehl

Normales Maismehl besteht aus gemahlenen ganzen Maiskörnern. Das Mehl ist gelb und verleiht dem Teig Süße und Farbe. Maismehl bindet nicht so gut wie Maisstärke. Maisgrieß besteht aus kleinen Körnern und ist deutlich gelber. Als Ersatz für Maismehl lässt er sich nicht einsetzen.

Maisstärke

Maisstärke wird vor allem wegen ihrer bindenden Eigenschaft für Teige verwendet. Sie wird aus dem Kern des Maiskorns hergestellt. Maisstärke ist ganz weiß.

Reismehl

Reismehl wird aus getrocknetem, geschältem Reis hergestellt und ist ein Mehl, das dem Teig zwar wenig Farbe oder Aroma verleiht, dafür aber eine gute Konsistenz.

Kartoffelmehl

Kartoffelmehl besteht im Großen und Ganzen aus reiner Stärke, die als Stabilisator dient. Teige und Brote werden damit luftiger.

Teffmehl

Teff ist eine von Natur aus glutenfreie Gräserart, die besonders in Äthiopien und Eritrea angebaut wird, wo sie vor allem für das traditionelle Brot Injera verwendet wird. Inzwischen wird Teff auch in den USA kultiviert. Teff ist reich an Eisen und Kalzium, hat eine etwas dunklere Farbe und ein wirklich tolles Aroma.

Milomehl (Mohrenhirse, Durra)

Milo ist eine von Natur aus glutenfreie Gräserart, die in den USA, in Asien und in Afrika angebaut wird. Milomehl hat ein angenehmes Aroma und verleiht den Teigen eine gewisse Schwere. Genau wie Teff ist Milo reich an Eisen und Kalzium.

Buchweizen

Bei Buchweizen handelt es sich, trotz des Namens, nicht um Weizen, sondern um eine von Natur aus glutenfreie Pflanzenart, die mit dem Rhabarber verwandt ist. Sie wird vor allem in China und Russland angebaut und hat ein nussiges, leicht bitteres Aroma.
Buchweizen ist reich an Vitamin B und enthält außerdem Kalium, Magnesium, Phosphor und Eisen.

Hafer

An sich ist Hafer glutenfrei. Das Protein des Hafers, Avenin, löst bei den meisten Menschen mit Zöliakie nicht die gleiche Reaktion aus wie die Proteine, die in Weizen, Roggen und Gerste enthalten sind. Achten Sie darauf, reinen Hafer zu kaufen, d.h. Hafer, bei dem der Hersteller garantiert, dass das Produkt nicht bei irgendeinem Arbeitsschritt mit Gluten kontaminiert wurde. Halten Sie Ausschau nach der „durchgestrichenen Ähre", dem Symbol, das für die Kennzeichnung glutenfreier Produkte verwendet wird. Sie sollten Hafermehl und Haferflocken aus reinem Hafer verarbeiten, wenn Sie an Zöliakie leiden.

Hirse

Hirse ist eine hoch wachsende Gräserart, die seit der Jungsteinzeit in Europa angebaut wird. Sie enthält viel Vitamin B.

Kichererbsenmehl

Kichererbsenmehl ist sehr proteinhaltig und verleiht Teigen eine gute Konsistenz. Vor dem Backen kann der Teig stark nach Erbsen duften, doch wenn Kichererbsenmehl erhitzt wird, verliert es diesen Duft.

Mandelmehl

Mandelmehl wird aus geschälten, gemahlenen Mandeln hergestellt, enthält wenig Kohlenhydrate, aber viele gesunde Fette und Vitamin E.

Xanthangummi

Xanthangummi wird beim Backen als Verdickungsmittel und Stabilisator verwendet, um die Vorteile, die sonst das Gluten mit sich bringt, zu kompensieren. Es ist ein Polysaccharid, das aus dem Bakterium Xanthomonas campestris durch Fermentierung von z.B. Glukose, Saccharose oder Laktose hergestellt wird. Nach dem Gären wird das Polysaccharid kondensiert, getrocknet und zu einem feinen Pulver vermahlen. Wie auch Gluten hat Xanthangummi „klebende" Eigenschaften, die bewirken, dass Zutaten beim Backen ohne Gluten zusammenhalten. Xanthangummi lässt sich gut über das Internet beziehen.

Fiber Husk/Flohsamenschalen

Flohsamen (*Psyllium*) stammen aus Pflanzen der Wegericharten. Weicht man Flohsamen ein, bildet sich ein Gelee, das die Darmfunktion unterstützt und darüber hinaus viele Ballaststoffe enthält. Beim Backen ohne Gluten sind sie beinahe unersetzlich, da sie Flüssigkeit binden und damit das Brot saftiger machen. Das Gelee sorgt für die nötige Stabilität. Das Gluten in den Zutaten ersetzen wir u.a. durch Flohsamenschalen. Wir verwenden es in Form von Fiber Husk, das aus pulverisierten Flohsamenschalen besteht.

Unsere Definition von
natürlich glutenfrei

Im allgemeinen Sprachgebrauch sprechen wir von Gluten, doch der eigentliche Schurke im Drama namens Zöliakie ist das Protein Gliadin.

Leidet man an Zöliakie, bildet der Körper Antikörper gegen das Protein Gliadin, und das ist ein Bestandteil dessen, was wir Gluten nennen. Gluten besteht aus Verbindungen aus dem Protein Gliadin und Glutenin, die lange Fäden bilden. Gliadin kommt in keinem anderen Getreide außer Weizen vor. Doch Roggen und Gerste enthalten Sekalin und Hordein, Proteine, die dem Gliadin so ähnlich sind, dass der Körper auch auf sie reagiert.

Im Hafer ist das Protein Avenin enthalten, das die meisten Menschen mit Zöliakie gut vertragen. Die Menge an Avenin ist im Hafer außerdem viel geringer als die Mengen an Sekalin, Hordein und Gliadin in Roggen, Gerste und Weizen.

Natürlich glutenfrei ist kein etablierter technischer Begriff und wird daher unterschiedlich ausgelegt. Wir verstehen unter natürlich glutenfrei das, was von Natur aus kein Gluten enthält, wie z.B. Buchweizen, Reis, Mais, Teff, Milo und Hafer. Weizenstärke, bei der Gliadin und Glutenin einfach ausgewaschen wurden, ist für uns beispielsweise nicht natürlich glutenfrei, denn von Natur aus enthält Weizen glutenbildende Proteine.

Wenn Sie an Zöliakie leiden

Wenn Sie selbst an Zöliakie leiden oder für jemanden backen, der diese Krankheit hat, achten Sie darauf, Mehl zu kaufen, bei dem der Hersteller garantiert, dass kein Gluten enthalten ist. Es ist wichtig, dass das glutenfreie Mehl nicht mit Weizen, Roggen oder Gerste kontaminiert ist, denn mit der Diagnose Zöliakie muss man eine strenge, glutenfreie Diät einhalten. Vor allem bei Hafer muss man aufpassen, denn dieser wächst häufig neben anderen Getreidesorten oder wird in den gleichen Mühlen verarbeitet. Hafer, der nicht kontaminiert ist, wird reiner Hafer genannt.

Studieren Sie die Inhaltsstoffe genau oder achten Sie auf die durchgestrichene Ähre auf der Mehlpackung. Das ist ein Symbol, das ein glutenfreies Produkt garantiert.

Öfen

Wären alle Öfen genaue Kopien und würden sich gleich verhalten, wäre das Rezepteschreiben ein Kinderspiel. Doch leider gibt es so viele Öfen, wie es Küchen gibt, und das stellt uns, die wir Rezepte entwickeln, vor ein Problem.

Selbst wenn man in einer Küche zehn gleiche Öfen anschließen würde, würden sich diese nach ein paar Jahren unterschiedlich verhalten. Der eine braucht eine höhere Temperatur, ein anderer bräunt die Brötchen zu stark, und der dritte backt plötzlich ungleichmäßig.

Dies erschwert die Angabe von Temperaturen und Backzeiten in den Rezepten. So kann es z.B. sein, dass das perfekte Gotland-Brot bei Jessica zu Hause bei 200 °C 55 Minuten braucht, während es in Marias Küche bei dieser Temperatur verbrennen würde. Und in Ihrem Ofen braucht es vielleicht sogar 225 °C. Wir haben versucht, in so vielen Öfen wie möglich zu backen, um einen Mittelwert zu bekommen.

Daher sind die Backzeiten und Temperaturen ungefähre Angaben. Sie müssen die Brote beim Backen im Auge behalten, bis Sie Ihren eigenen Ofen genau kennen.

Und dann wäre da noch die Frage: Umluft oder nicht? Wenn man einen neuen, modernen Umluftofen hat, ist dieser meist etwas effektiver. Egal, welchen Ofen Sie haben, als Faustregel empfehlen wir, es zunächst mit den im Rezept angegebenen Temperaturen und Zeiten zu probieren. Stellen Sie dann fest, dass Ihr Ofen anders funktioniert, passen Sie Temperatur oder Backzeit leicht an. Ein Kochbuch ist dafür da, um benutzt zu werden, daher finden wir, Sie können ruhig auch eigene Notizen ins Buch eintragen.

Grundsätzlich ist es besser, bei größeren Broten oder Laiben die Temperatur zu erhöhen oder zu verringern, statt die Backzeit anzupassen, damit man sicher ist, dass sie auch durchgebacken sind.

Waage

Es gibt viele Dinge in der Küche, die man nicht unbedingt braucht, aber wir halten eine Waage für unersetzlich.

Manchmal werden wir gefragt, ob wir keine Volumeneinheiten angeben können. Diese Frage beantworten wir mit einem Nein, denn würden wir das machen, würde das auf Kosten der Qualität gehen, und die Rezepte würden wahrscheinlich nicht so leicht gelingen.

Es ist einfacher, eine digitale Waage zu benutzen als ein Dezilitermaß. Einfach die Schüssel auf die Waage stellen und tarieren, dann die Zutaten direkt aus der Packung hineingeben und danach die Waage immer wieder auf null stellen.

Das Wiegen hat mehrere Vorteile. Zum einen sparen Sie Abwasch und es geht schneller; zum anderen erhalten Sie ein gleichmäßiges Ergebnis. Denn wenn Sie schon Zeit ins Backen investieren, wollen Sie ja, dass Sie jedes Mal das gleiche Ergebnis erzielen. Mehl hat die Tendenz, sich immer wieder unterschiedlich zu verdichten, aber mit einer Waage wissen Sie, dass der Teig die gleiche Menge Mehl enthält wie beim letzten Mal, als Sie das Rezept ausprobiert haben. Mit einer Waage stellen Sie sicher, dass das Brot nicht nur manchmal gut wird (und Sie nicht genau wissen, warum), sondern jedes Mal.

Das Dezilitermaß hat sich darüber hinaus als sehr unzuverlässig herausgestellt. Der Logik nach sollte 1 dl Wasser 100 g wiegen; aber unsere eigenen Versuche mit vielen verschiedenen Dezilitermaßen haben gezeigt, dass das Gewicht um beinahe 10 g abweichen kann. Je mehr Deziliter ein Messbecher enthielt, desto größer wurde die Abweichung.

Und nicht zuletzt ist eine Waage nicht teuer, nimmt nur wenig Platz im Schrank weg und lässt sich prima auch auf Reisen mitnehmen.

Hefe

Die meisten wissen, dass ein guter, würziger Eintopf nicht in 30 Minuten entsteht. Aber kaum einer weiß, dass ein Brot viel besser wird, wenn es lange gehen darf. Hier erklären wir Grundsätzliches rund um diesen Prozess.

Um die Hefe ranken sich viele Mythen, daher wollten wir ein paar Zeilen über sie schreiben und darüber, wie sie funktioniert.

In vielen Rezepten steht, dass die Flüssigkeit handwarm sein soll, etwa 37 °C. Und schon hier sind wir auf dem Holzweg. 37 °C hat der Körper im Inneren, während die Fingerspitzen nur etwa 28–32 °C haben. Hefe fühlt sich bei 30 °C pudelwohl (handwarm), und der Teig geht sehr schnell. Wahrscheinlich wird deshalb immer geschrieben, dass die Flüssigkeit warm sein sollte.

Der Nachteil beim schnellen Gehen ist, dass der Teig nicht so aromatisch wird. Die Aromen entwickeln sich mit der Zeit, daher ist ein langsameres Gehen vorzuziehen. In unseren Rezepten ver-

wenden wir daher immer kalte Flüssigkeit, wodurch der Teig langsamer geht. Man kann diesen Prozess noch weiter verzögern, wenn man den Teig in den Kühlschrank stellt. Dabei passiert Folgendes: Die Hefe vermehrt sich langsamer, aber der Teig geht trotzdem. Dieser Prozess hört erst auf, wenn die Temperatur weniger als 4 °C beträgt, setzt aber wieder ein, wenn die Temperatur wieder steigt.

Unsere Rezepte basieren auf frischer Hefe, aber man kann diese auch durch eine entsprechende Menge an Trockenhefe ersetzen. Lesen Sie auf der Packung nach, wie viel Gramm Trockenhefe der angegebenen Menge an frischer Hefe entsprechen. Auch Trockenhefe lässt sich mit kalter Flüssigkeit verarbeiten, es dauert aber möglicherweise noch etwas länger, bis die Hefe zum Leben erwacht.

Ein weiterer Vorteil der kalten Flüssigkeit — neben dem Geschmack — ist, dass man die Hefe nicht zerstört. Das passiert nämlich, wenn die Temperatur mehr als 50 °C beträgt — was leicht passieren kann, wenn man beim Erwärmen der Flüssigkeit nicht aufpasst.

In vielen Rezepten steht, man solle die Hefe zunächst in der Flüssigkeit auflösen. Das kann man machen. Wir wiegen aber normalerweise alles in einer Schüssel ab und stellen diese dann in die Knetmaschine oder mischen den Teig mit einem Handrührgerät, und dabei löst sich die Hefe auch auf.

Der Prozess, der bewirkt, dass das Brot nach einer längeren Ruhezeit besser schmeckt, nennt sich Autolyse. Autolyse lässt sich einfach erklären: Enzyme beginnen, verschiedene Stoffe im Teig zu zersetzen, und dadurch entstehen die Aromen. Vergleichbare Prozesse entstehen z.B., wenn man Fleisch abhängen lässt.

Eine Sache, die einem zum Umgang mit Hefe ebenfalls beigebracht wurde, ist, dass der Teig beim Gehen nicht mit Zugluft in Berührung kommen darf. Das stimmt schlicht nicht. Schauen Sie einmal an einem kalten Morgen bei Ihrer Bäckerei um die Ecke vorbei, da stehen die Fenster häufig weit offen. Dagegen könnte ein Teig, der auf einer Steinarbeitsfläche liegt, etwas ungleichmäßig aufgehen. Doch in einer Schüssel fühlt er sich wohl, auch wenn jemand eine Tür oder ein Fenster öffnen sollte. Viele haben gelernt, das Blech auf den Herd zu stellen, damit die Wärme aus dem Ofen das Brot beim Gehen unterstützt. Das ist aber sehr knifflig, denn wenn der Teig zu schnell geht, wird dabei möglicherweise die Hefe zerstört, und das Brot geht nicht auf.

Hefe lebt von Säure und Zuckerarten und produziert selbst Kohlendioxid. Das Kohlendioxid „bläht" sozusagen den Teig auf. Bei höheren Temperaturen gibt die Hefe mehr Kohlendioxid ab, was dazu führen kann, dass dieses „Aufblähen" schneller geht als für den Teig gut ist. Dann bekommen wir ein Brot, das zu den Seiten hin aufgeht und flacher wird.

Aufbewahrung & Haltbarkeit

Generell sollte glutenfreies Brot abkühlen, bevor man es isst. Einige Brote lassen sich direkt nach dem Abkühlen essen, andere werden noch besser, wenn man sie über Nacht in Ruhe lässt. In jedem Rezept finden Sie einen entsprechenden Hinweis.

Abgekühltes Brot kann man in der Papier- oder Plastiktüte aufbewahren. Achten Sie darauf, dass sich in der Plastiktüte keine Feuchtigkeit oder Kondenswasser bildet, denn dann kann das Brot schneller schimmeln. Bewahren Sie das Brot so auf, dass es nicht direktem Sonnenlicht ausgesetzt ist, am besten in einem Schrank oder einer Speisekammer, in der die Temperatur etwas niedriger als Zimmertemperatur ist.

Die meisten Brote halten sich in einer Plastiktüte ca. 4 Tage. Einige kleinere helle Brote mit einer trockeneren Konsistenz schmecken am Tag, an dem sie gebacken werden, am besten. Größere helle Brote sind in den ersten 2—3 Tagen weich und lecker; danach bietet es sich an, sie zu rösten. Knäckebrot hält beinahe ewig, wenn es trocken aufbewahrt wird.

Die Brote lassen sich einfrieren, wenn man das möchte. Dann sollte man aber wissen, dass alle Brote, auch die, die traditionell mit Weizenmehl gebacken werden, durch das Einfrieren nicht besser werden. Das ist natürlich Geschmackssache. Wir haben versucht, die Menge so anzulegen, dass man die Brote aufessen kann, bevor sie trocken oder schlecht werden.

Fragen & Antworten

Kann ich Mehlsorten austauschen?

Verschiedene Mehle haben ganz spezielle, einzigartige Eigenschaften. Maisstärke z.B. bindet besser als Maismehl. Maisstärke und Kartoffelmehl kann man recht gut untereinander austauschen, wenn es sich um geringere Mengen handelt. Maismehl lässt sich beispielsweise durch Sojamehl ersetzen. Hafermehl und Buchweizenmehl haben eine ähnliche Konsistenz und ungefähr die gleichen Backeigenschaften, schmecken aber verschieden. In unzähligen Backversuchen haben wir viel gelernt, und wir finden, dass die Mehlsorten, für die wir uns entschieden haben, am besten zu den jeweiligen Rezepten passen. Möchten Sie eine Mehlsorte aufgrund einer Allergie ersetzen oder weil Sie vielleicht genau diese Sorte nicht zu Hause haben, kann das gutgehen, aber das Ergebnis wird nicht das gleiche.

Das Brot fühlt sich klebrig an. Wie kommt das?

Das klingt, als hätten Sie ein Brot aufgeschnitten, das besser nicht warm gegessen werden sollte. Warten Sie, bis es abgekühlt ist oder bis zum nächsten Tag.

Ich habe den nächsten Tag abgewartet, doch das Brot fühlt sich immer noch an, als wäre es nicht fertig gebacken.

Alle Öfen sind verschieden. Es scheint, als wäre Ihr Ofen nicht so effektiv wie die, in denen wir gebacken haben. Versuchen Sie beim nächsten Mal, die Temperatur um 25 °C zu erhöhen und das Brot 10—15 Minuten länger im Ofen zu lassen.

Kann ich die Süße im Brot weglassen, z.B. den Sirup?

Man kann Sirup/Honig aus dem Rezept weglassen, wenn es sich um kleine Mengen handelt, nicht mehr als 10—20 g. Doch bei größeren Mengen könnte es ein Problem mit der Brotkonsistenz geben.

Kann man auch mit laktosefreien Milchprodukten backen?

Laktosefreie Produkte können Sie problemlos verwenden, und in den Rezepten, die Milch enthalten, können Sie die Milch z.B. durch Reismilch ersetzen, das Ergebnis ändert sich nicht. Statt Butter können Sie Margarine nehmen, auch wenn sich der Geschmack dann verändert. Sie können auch Wasser statt Milch nehmen, aber Sie erhalten dann nicht diesen vollen Geschmack.

Rezepte

Eine Übersicht über die Rezepte finden Sie
im Register auf S. 127.

Gotland-Brot

Seit ihrer Kindheit verbrachte Jessica jeden Sommer auf Gotland, und es gibt kaum etwas, das ihr besser schmeckt als das Gotland-Brot. Sie hat dieses Brot vermisst, seit sie mit 12 Jahren aufhören musste, Gluten zu sich zu nehmen. Dieses Rezept ist für sie also so etwas wie ein Traum, der in Erfüllung geht.

- Die Pomeranzenschalen in 300 g Wasser kochen, bis nur noch 2 EL Wasser übrig sind.
- Abkühlen lassen.
- Dann die Pomeranzenschalen so fein wie möglich hacken.
- Alle Zutaten bis auf Fiber Husk und Xanthangummi zu einem dicken Teig verarbeiten. Dann die Pomeranzenschalen und die 2 übrig gebliebenen EL Wasser hinzufügen.
- Zum Schluss Fiber Husk und Xanthangummi zugeben und alles gründlich vermengen.
- Den Teig 3 Stunden gehen lassen.
- Den Ofen auf 200 °C vorheizen.
- Den Teig auf ein mit Backpapier belegtes Backblech stürzen und mit leicht angefeuchteten Händen direkt auf dem Blech zu einem runden Brot formen.
- Mit dem Sirupwasser bepinseln.
- 55 Minuten backen.
- Dann das Brot aus dem Ofen nehmen und erneut mit Sirupwasser bepinseln.
- Weitere 3–5 Minuten auf Grillstufe backen, damit das Brot eine schöne Farbe erhält.
- Bevor Sie es aufschneiden, das Brot mindestens 4 Stunden abkühlen lassen.

1 BROT

2 ST. GETROCKNETE GANZE POMERANZEN-SCHALEN (6 G)
(+300 G WASSER)
350 G KALTES WASSER
20 G FRISCHE HEFE
100 G DUNKLER SIRUP
150 G REISMEHL
150 G KARTOFFELMEHL
150 G BUCHWEIZENMEHL
10 G HAGENBUTTEN-SCHALENPULVER
2 EL ESSIG (12 %)
1½ TL SALZ
15 G FIBER HUSK
10 G XANTHANGUMMI

ZUM BACKEN

20 G SIRUP
20 G WASSER
[VERMISCHEN]

Mohnbrötchen

Helle, luftige Brötchen, die Sie zum Frühstück ebenso gut wie zur Suppe essen können.

- Alle Zutaten bis auf Fiber Husk, Xanthangummi und Mohn in eine Schüssel geben.
- Mit dem Handrührgerät oder dem Flügelmesser in der Knetmaschine ca. 5 Minuten verrühren.
- Fibor Husk und Xanthangummi hinzufügen und noch 1 Minute rühren, bis alles gründlich vermischt ist.
- Den Teig in einer mit Klarsichtfolie abgedeckten Schüssel ca. 2 Stunden gehen lassen.
- Den Teig in 6 Stücke teilen und diese zu runden Brötchen formen. Die Hände anfeuchten, falls der Teig klebt.
- Mit Mohn bestreuen.
- Anschließend die Brötchen auf ein Blech legen und ca. 30 Minuten gehen lassen.
- Im vorgeheizten Ofen bei ca. 225 °C 30 Minuten backen.
- Vor dem Verzehr abkühlen lassen.

8 BRÖTCHEN

350 G KALTES WASSER
20 G FRISCHE HEFE
10 G ZUCKER
150 G REISMEHL
50 G MAISMEHL
150 G KARTOFFELMEHL
75 G ZIMMERWARME BUTTER (KANN DURCH EINE MILCHFREIE ALTERNATIVE ERSETZT WERDEN)
1 TL SALZ
10 G FIBER HUSK
10 G XANTHANGUMMI

MOHN ZUM BESTREUEN

Hotdog-Brötchen

Hotdog-Brötchen, die wunderbar luftig und fein werden. Achten Sie darauf, sie nach unserer Anleitung zu formen, dann erhalten Sie 12 Stück. Wenn Sie größere Brötchen formen und dafür weniger, werden sie nicht genauso fein und luftig. Die Hotdog-Brötchen schmecken am Backtag am besten.

- Hefe in etwas Wasser auflösen und die übrigen Zutaten bis auf Fiber Husk und Xanthangummi untermischen.
- Unter Rühren Fiber Husk und Xanthangummi zugeben und alles gut vermengen.
- Den Teig in einer mit Klarsichtfolie abgedeckten Schüssel ca. 1 Stunde gehen lassen.
- In ein wenig Reismehl den Teig ausrollen und zu 12 Hotdog-Brötchen formen. Die Brötchen sollten etwa 15 cm lang sein.
- Auf einem mit Backpapier belegten Backblech 1 Stunde gehen lassen.
- Im vorgeheizten Ofen bei 225 °C 20 Minuten backen.
- Dann unter einem sauberen Küchenhandtuch abkühlen lassen und sofort servieren, wenn sie abgekühlt sind.

12 BRÖTCHEN
20 G FRISCHE HEFE
350 G KALTES WASSER
40 G RAPSÖL
130 G REISMEHL
 + ETWAS ZUM
 AUSROLLEN
60 G MAISMEHL
150 G KARTOFFELMEHL
1½ TL SALZ
10 G ZUCKER
10 G FIBER HUSK
1 TL XANTHANGUMMI

Rosinenbrötchen

Dies ist eines unserer Lieblings-Brötchenrezepte. Gerade richtig süß und dank Teff und Hafer sehr aromatisch.

- Hefe in Wasser auflösen und die übrigen Zutaten bis auf Fiber Husk, Xanthangummi und Rosinen untermischen.
- Unter Rühren Fiber Husk und Xanthangummi zugeben und alles gut vermengen.
- Rosinen hinzufügen und unter den Teig heben.
- Den Teig in einer mit Klarsichtfolie abgedeckten Schüssel ca. 2 Stunden gehen lassen.
- Dann mit angefeuchteten Händen 8 Brötchen formen und mit Mehl bestäuben.
- Auf einem mit Backpapier belegten Backblech die Brötchen 30 Minuten gehen lassen.
- Im vorgeheizten Ofen bei 200 °C 25 Minuten backen.
- Abkühlen lassen.

8 BRÖTCHEN
20 G FRISCHE HEFE
300 G KALTES WASSER
25 G RAPSÖL
20 G HONIG
40 G GLUTENFREIE HAFERFLOCKEN
100 G TEFFMEHL
100 G GLUTENFREIES HAFERMEHL
1½ TL SALZ
10 G FIBER HUSK
1 TL XANTHANGUMMI
70 G ROSINEN

TEFF- ODER HAFERMEHL ZUM BESTÄUBEN DER BRÖTCHEN

Preiselbeerbrot

Preiselbeerbrote gehören bei uns in Schweden zu den am häufigsten verkauften Brotsorten. Wir sind stolz, diese glutenfreie Variante vorstellen zu dürfen, die mindestens genauso gut schmeckt wie das Original.

- Alle Zutaten bis auf Fiber Husk, Xanthangummi und gefrorene Preiselbeeren vermengen.
- Unter Rühren Fiber Husk und Xanthangummi zugeben und alles gut vermischen.
- Die gefrorenen Preiselbeeren vorsichtig unter den Teig heben.
- Den Teig in einer mit Klarsichtfolie abgedeckten Schüssel ca. 2 Stunden gehen lassen.
- Dann mit angefeuchteten Händen zu einem runden Laib formen und mit Teffmehl bestäuben.
- Den Laib auf ein mit Backpapier belegtes Backblech legen und 1 Stunde gehen lassen.
- Im vorgeheizten Ofen bei 225 °C 1 Stunde backen.
- Vor dem Verzehr das Brot fast vollständig abkühlen lassen.

1 BROT
300 G KALTES WASSER
20 G FRISCHE HEFE
60 G DUNKLER SIRUP
100 G KALT GERÜHRTE PREISELBEEREN (PREISELBEEREN MIT ZUCKER IM VERHÄLTNIS 2:1 VERRÜHREN)
50 G GLUTENFREIE HAFERFLOCKEN
150 G TEFFMEHL
125 G GLUTENFREIES HAFERMEHL
1 ½ TL SALZ
15 G FIBER HUSK
1 TL XANTHANGUMMI
50 G TIEFGEFRORENE PREISELBEEREN

TEFFMEHL ZUM BESTÄUBEN

Käsebrötchen

*Es war Jessicas Lebensgefährte Martin, der darauf
beharrte, im nächsten Buch müsse es Käsebrötchen
geben, denn das seien die leckersten Brötchen der
Welt. Gesagt — getan: Hier kommt ein Rezept für
richtig leckere, saftige und vor allem glutenfreie
Käsebrötchen.*

- Alle Zutaten bis auf Fiber Husk, Xanthangummi und
  Käse in eine Schüssel geben.
- Mit dem Handrührgerät oder dem Flügelmesser in der
  Knetmaschine ca. 5 Minuten verrühren.
- Fiber Husk und Xanthangummi hinzufügen und noch
  1 Minute rühren, bis alles gründlich vermischt ist.
- Die Hälfte des Käses unterheben (50 g).
- Den Teig in einer mit Klarsichtfolie abgedeckten
  Schüssel ca. 3 Stunden gehen lassen.
- Den Teig in 6 Stücke teilen und diese zu runden
  Brötchen formen. Die Hände anfeuchten, falls der
  Teig klebt. Die Brötchen leicht flach drücken.
- Dann mit dem restlichen Käse bestreuen (50 g).
- Anschließend die Brötchen auf ein Blech legen und
  ca. 1 Stunde gehen lassen.
- Im vorgeheizten Ofen bei ca. 200 °C 30 Minuten
  backen.
- Vor dem Verzehr abkühlen lassen.

<u>6 BRÖTCHEN</u>

350 G KALTES WASSER

20 G FRISCHE HEFE

10 G ZUCKER

150 G REISMEHL

50 G MAISMEHL

150 G KARTOFFELMEHL

50 G ZIMMERWARME
  BUTTER

20 G RAPSÖL

1 EIWEISS

1 TL SALZ

10 G FIBER HUSK

10 G XANTHANGUMMI

100 G GERIEBENER KÄSE
  NACH GESCHMACK

Früchte-Nuss-Brot

Früchte und Nüsse sind unserer Meinung nach tolle Zutaten für ein Brot. Dieses wunderbare Brot enthält außerdem Apfel und passt gut zu reifem Käse.

- Hefe, Dickmilch, Teffmehl, Buchweizenmehl und Salz zu einem glatten Teig mischen.
- Apfel, Fiber Husk und Xanthangummi zugeben und alles gründlich vermengen.
- Zuletzt Aprikosen, Rosinen, Walnüsse und Haselnüsse unterheben und die Schüssel mit Klarsichtfolie abdecken.
- Den Teig in der Schüssel 3 Stunden gehen lassen.
- Den Ofen auf 200 °C Umluft vorheizen.
- Teig zu einem runden Laib formen und auf das Backpapier legen.
- Mit etwas Buchweizenmehl bestreuen und 45 Minuten backen.
- Bevor Sie es aufschneiden, das Brot mindestens 2 Stunden ruhen lassen.

1 BROT
15 G FRISCHE HEFE
450 G KALTE DICKMILCH (KANN DURCH EINE MILCHFREIE ALTERNATIVE ERSETZT WERDEN)
180 G TEFFMEHL
180 G BUCHWEIZENMEHL + ETWAS ZUM BESTÄUBEN
1½ TL SALZ
150 G GERIEBENER APFEL, CA. 1 APFEL
15 G FIBER HUSK
1½ PRISEN XANTHANGUMMI
75 G GETROCKNETE APRIKOSEN
75 G ROSINEN
75 G WALNÜSSE
75 G HASELNÜSSE

Dunkle Brötchen
mit Kaffee und Hagebutten

Richtig dunkle, würzige Brötchen mit einer deutlichen Kaffeenote und ein wenig Frische durch die Hagebutten.

- Alle Zutaten bis auf Fiber Husk zu einem Teig verarbeiten.
- Fiber Husk zugeben und alles gründlich vermengen.
- In einer mit Klarsichtfolie abgedeckten Schüssel ca. 2 Stunden gehen lassen.
- Mit angefeuchteten Händen 6 Brötchen formen und auf ein mit Backpapier belegtes Blech legen. Mit Buchweizenflocken bestreuen.
- Diese auf dem Blech 45 Minuten gehen lassen.
- Im vorgeheizten Ofen bei 200 °C 30 Minuten backen.
- Abkühlen lassen.

6 BRÖTCHEN
100 G GEKOCHTER,
  KALTER KAFFEE
250 G KALTES WASSER
20 G FRISCHE HEFE
30 G HAGENBUTTEN-
  SCHALENPULVER
100 G TEFFMEHL
100 G BUCHWEIZENMEHL
40 G BUCHWEIZEN-
  FLOCKEN
1 TL SALZ
10 G FIBER HUSK

BUCHWEIZENFLOCKEN
  ZUM BESTREUEN DER
  BRÖTCHEN

Ciabatta

Unser Ciabatta ist so wunderbar luftig, wie es sein sollte. Servieren Sie es zur Suppe, als gegrilltes Sandwich oder als Beilage zur Käse- oder Wurstplatte.

- Alle Zutaten bis auf Fiber Husk und Xanthangummi in eine Schüssel geben.
- Mit dem Handrührgerät oder dem Flügelmesser in der Knetmaschine ca. 5 Minuten verrühren.
- Fiber Husk und Xanthangummi hinzufügen und noch 1 Minute rühren, bis alles gründlich vermischt ist.
- Den Teig in einer mit Klarsichtfolie abgedeckten Schüssel ca. 8 Stunden ruhen lassen.
- Reichlich Reismehl auf die Arbeitsfläche geben und den Teig aus der Schüssel stürzen.
- Halbieren und zu 2 länglichen, rechteckigen Broten formen.
- Die Brote 30 Minuten ruhen lassen.
- Im vorgeheizten Ofen bei 225 °C 40—45 Minuten backen.
- Vor dem Verzehr abkühlen lassen.

2 BROTE

350 G KALTES WASSER
5 G FRISCHE HEFE
110 G REISMEHL
50 G MAISMEHL
150 G KARTOFFELMEHL
50 G RAPSÖL
1 EIWEISS
1 ½ TL SALZ
10 G FIBER HUSK
10 G XANTHANGUMMI

REISMEHL ZUM FORMEN

TIPP!
Wenn Sie keine Eier vertragen, können Sie das Eiweiß auch weglassen; das Brot wird trotzdem lecker. Wir haben das Eiweiß ergänzt, weil wir finden, dass es dem Teig eine noch bessere Konsistenz verleiht.

Kerniges Brot

Dies ist ein schön kerniges Brot mit ein wenig Süße durch Honig und Rosinen.

- Alle Zutaten bis auf Fiber Husk und Rosinen vermengen.
- Unter Rühren Fiber Husk zugeben und alles gut vermischen.
- Dann die Rosinen unterheben.
- Den Teig in eine Form füllen (ca. 1–1 ½ l).
- Den Teig in der Form 2 Stunden gehen lassen.
- Im vorgeheizten Ofen bei 200 °C 1 Stunde backen.
- Leicht abkühlen lassen, dann das Brot aus der Form nehmen und auf einen Rost legen.
- Über Nacht ruhen lassen. Erst am nächsten Tag das Brot aufschneiden.

<u>1 BROT</u>
570 G KALTES WASSER
15 G FRISCHE HEFE
40 G GANZE LEINSAMEN
75 G SONNENBLUMEN-
   KERNE
75 G BUCHWEIZEN-
   FLOCKEN
15 G HAGENBUTTEN-
   SCHALENPULVER
15 G HONIG
2 TL SALZ
75 G TEFFMEHL
150 G BUCHWEIZENMEHL
30 G FIBER HUSK
150 G ROSINEN

Einfache Maisbrötchen

Saftige und leckere Maisbrötchen, die auch noch schnell zubereitet sind. Servieren Sie sie anstelle von Scones zum Tee — sie schmecken wunderbar mit Marmelade und Käse.

- Den Ofen auf 225 °C vorheizen.
- Alle Zutaten zu einem glatten Teig verrühren und mindestens 15 Minuten quellen lassen.
- Mithilfe eines Löffels aus dem Teig 10 Brötchen formen, diese leicht flach drücken und auf ein mit Backpapier ausgelegtes Backblech legen.
- Die Brötchen bei 225 °C ca. 15 Minuten backen.
- Vor dem Servieren auf einem Rost ca. 20 Minuten abkühlen lassen.

10 BRÖTCHEN
140 G MAISMEHL
150 G REISMEHL
2 TL BACKPULVER
½ TL SALZ
80 G BUTTER (KANN DURCH EINE MILCH-FREIE ALTERNATIVE ERSETZT WERDEN)
500 G KALTE MILCH (KANN DURCH EINE MILCHFREIE ALTER-NATIVE ERSETZT WERDEN)
10 G FIBER HUSK

46

Landbrot

Dieses Brot darf lange ruhen und seine Aromen voll entfalten. Ein ganz und gar ungesüßtes Brot für diejenigen von Ihnen, welche die gesünderen, groben Mehlsorten lieber mögen.

- Alle Zutaten zu einem Teig verarbeiten, am besten in einer Knetmaschine mit einem Flügelmesser.
- In einer mit Klarsichtfolie abgedeckten Schüssel im Kühlschrank ca. 8 Stunden gehen lassen.
- Zu einem Brot formen und auf ein mit Backpapier belegtes Backblech legen.
- Auf dem Blech noch 1 Stunde gehen lassen.
- Mit einer Mehlsorte nach Wahl bestäuben und ggf. das Brot mit einem scharfen Messer einschneiden.
- Im vorgeheizten Ofen bei 225 °C Umluft 1 Stunde backen.
- Vor dem Verzehr abkühlen lassen.

1 BROT
500 G KALTES WASSER
10 G FRISCHE HEFE
½ EL SALZ
125 G TEFFMEHL
125 G MILOMEHL
150 G BUCHWEIZENMEHL
25 G FIBER HUSK

MEHL NACH WAHL ZUM BESTÄUBEN

Aprikosenbrötchen
mit Kürbiskernen

Aprikosen und Kürbiskerne sind eine Kombination, auf die wir immer wieder zurückgreifen, weil sie so lecker ist. Perfekte Frühstücksbrötchen fürs Wochenende!

- Hefe im Wasser auflösen und die übrigen Zutaten bis auf Fiber Husk, Xanthangummi, Aprikosen und Kürbiskerne untermischen.
- Unter Rühren Fiber Husk und Xanthangummi zugeben und alles gut vermengen.
- Aprikosen und Kürbiskerne hinzufügen und unter den Teig heben.
- Den Teig in einer mit Klarsichtfolie abgedeckten Schüssel ca. 2 Stunden gehen lassen.
- Dann mit angefeuchteten Händen zu 8 Brötchen formen.
- Auf einem mit Backpapier belegten Backblech die Brötchen 30 Minuten gehen lassen.
- Im vorgeheizten Ofen bei 200 °C 25 Minuten backen.
- Abkühlen lassen.

8 BRÖTCHEN

20 G FRISCHE HEFE
300 G KALTES WASSER
25 G RAPSÖL
20 G HONIG
40 G BUCHWEIZEN-
  FLOCKEN
100 G BUCHWEIZENMEHL
100 G SOJAMEHL
1½ TL SALZ
10 G FIBER HUSK
1 TL XANTHANGUMMI
70 G GETROCKNETE
  APRIKOSEN, IN
  KLEINE STÜCKE
  GESCHNITTEN
40 G KÜRBISKERNE

Sauerteige

Sauerteig ist ein Treibmittel, das wir gerne verarbeiten, das sich aber ein wenig anders verhält als die stabile „Kaufhefe".

In einem unserer anderen Bücher haben wir Sauerteige für Pizzateige ausprobiert. Das war interessant und spannend, aber auch nicht ganz einfach. Wie auch sonst beim Backen hat das Backen mit Sauerteigen mit Chemie zu tun, daher gilt es zu lernen, wie sich die verschiedenen Mehlsorten verhalten.

Wenn Sie Sauerteige ausprobieren, geben Sie die Bequemlichkeit und Zuverlässigkeit auf, die Kaufhefe Ihnen verspricht. Das ist auch gut so, und es lohnt sich. Aber Sie sollten bereit sein, das Verhalten der neuen Sauerteige kennenzulernen, und sich auf wechselnde Ergebnisse einstellen. Das Gelingen des Sauerteigs hängt nämlich stark davon ab, welche Sporen und Bakterien in Ihrer Küche gedeihen.

Sogar wir erhalten in unseren jeweiligen Küchen verschiedene Ergebnisse. Sauerteig mit Teff z.B. wird bei Maria sehr luftig, während er bei Jessica nicht so viel Luft enthält, aber trotzdem sehr stabil ist.

Eigentlich haben wir schon bei der Entwicklung der Rezepte für unser erstes Buch „Glutenfreies Brot — Rezepte für gesunden Genuss" Sauerteig ausprobiert. Damals haben wir es nur mit Buchweizen getestet, und das Buchweizenmehl hat auch sehr schnell angefangen zu sprudeln, schimmelte aber auch bald. Leider hatten wir keine Zeit, um länger zu experimentieren. Was uns dazu bewogen hat, dieses Thema wieder aufzugreifen, ist die Tatsache, dass es jetzt viel mehr glutenfreie Mehlsorten zu kaufen gibt. Wir haben Sauerteig mit den meisten Mehlsorten ausprobiert, und unser Favorit ist das Teffmehl. Mit Teffmehl entsteht ein starker, zuverlässiger Sauerteig, der sehr schnell in Gang kommt; es dauert nur etwa zwei Tage, bis er sprudelt.

Wer nicht an einer Glutenintoleranz leidet und an die Zubereitung von Roggensauerteig gewöhnt ist, wird feststellen, dass die „Gärkurve" beim glutenfreien Sauerteig steiler ansteigt und auch steiler wieder abfällt. Er kommt schnell in Gang, lässt sich aber nicht so lange am Leben erhalten wie ein Roggensauerteig. Es gibt Roggensauerteige, die jahrzehntelang halten. Hier käme es noch auf einen Versuch an, wie gut sich das Teffmehl auf Dauer macht. Weil der Sauerteig so schnell in Gang kommt, setzen wir in der Regel einen neuen auf, statt zu versuchen, ihn über Wochen am Leben zu erhalten. Das liegt größtenteils auch daran, dass wir viel reisen und keine Zeit haben, uns um Sauerteige oder Zimmerpflanzen zu kümmern.

Wenn Sie Ihren Sauerteig aufsetzen, denken Sie daran, ihn in einer Schüssel aus Edelstahl, Keramik oder Glas anzumischen. Nehmen Sie keine Kunststoffschüsseln oder -dosen, denn diese können feine Risse enthalten, und in diesen Rissen können sich Bakterien angesammelt haben, die Sie nicht in Ihrem Sauerteig haben möchten. Achten Sie auch darauf, die Hände zu waschen, bevor Sie mit dem Sauerteig arbeiten, und versuchen Sie, ihn möglichst nicht zu berühren. Am besten verwenden Sie einen Schneebesen aus Metall.

Wenn der Sauerteig verunreinigt wird, kann er leicht schimmeln oder schlecht werden. Sie merken es am Geruch, wenn der Sauerteig schlecht geworden ist. Ein guter Sauerteig muss frisch und säuerlich riechen.

Achten Sie darauf, dass Sie den Sauerteig nicht in ein Gefäß mit festsitzendem Deckel einsperren — sonst bewirken die Gase, die sich bilden, dass das Gefäß explodiert und sich der Sauerteig in der ganzen Küche verteilt. Decken Sie die Schüssel besser mit einem Stück Klarsichtfolie ab.

Ein Teig mit Sauerteig geht ein wenig langsamer als einer mit „Kaufhefe".

Sauerteig aus Teff

Als wir mit Sauerteig experimentiert haben, entwickelte sich das Teffmehl zu unserem Favoriten, denn es kommt schnell in Gang und bildet einen guten Sauerteig.

Tag 1

- In einer sauberen Schüssel aus Glas, Edelstahl oder Keramik alle Zutaten verrühren.
- Mit Klarsichtfolie oder mit einem nicht allzu fest sitzenden Deckel abdecken.
- Nach 2 Tagen hat der Sauerteig angefangen zu sprudeln, dann kann man ihn zum Backen verwenden.
- Wollen Sie den Sauerteig stattdessen länger aufbewahren und ein paar Tage später backen oder ist nach dem Backen noch etwas übrig, gehen Sie wie folgt vor:

Füttern

- Mehl und Wasser unter den Sauerteig rühren und dann in den Kühlschrank stellen, wenn Sie ihn länger aufbewahren möchten. Wenn Sie ihn in den nächsten Tagen verarbeiten, können Sie ihn bei Zimmertemperatur stehen lassen.
- Am Tag vor dem Backen holen Sie ihn hervor und füttern ihn erneut mit der gleichen Menge.

TAG 1
120 G LAUWARMES
  WASSER
1 PRISE SALZ
80 G TEFFMEHL

FÜTTERN NACH 2 TAGEN
25 G TEFFMEHL
55 G LAUWARMES WASSER

Sauerteig aus Mais und Reis

Dies hier ist ein etwas milderer Sauerteig mit einem Schuss Honig und Dickmilch. Zunächst hat der Sauerteig eine ziemlich feste Konsistenz, aber nach dem zweiten Füttern wird er lockerer.

- Alle Zutaten zu einem glatten Teig mischen.
- In ein sauberes Glasgefäß geben, aber den Deckel nicht ganz festschrauben. Sie können den Sauerteig auch in einem mit Klarsichtfolie abgedeckten Gefäß oder einer Schüssel aufbewahren.
- Bei Zimmertemperatur stehen lassen, bis er beginnt zu sprudeln — dann ist der Sauerteig fertig. Das dauert etwa 2 Tage.
- Nach 2 Tagen den Sauerteig füttern.

TAG 1
100 G WASSER
5 G HONIG
1 EL DICKMILCH
1 PRISE SALZ
25 G MAISMEHL
40 G REISMEHL
1 TL FIBER HUSK

FÜTTERN NACH 2 TAGEN
40 G WASSER
20 G MAISMEHL

TIPP!
Wenn der Sauerteig sich absetzt, fügen Sie einen Hauch Fiber Husk hinzu. Achten Sie darauf, dass Werkzeuge und Gefäße sauber sind, sonst könnte der Sauerteig schimmeln!

Sauerteigbrötchen

*Diese Brötchen können lauwarm gegessen werden, halten
sich aber auch ein paar Tage lang frisch. Sie haben
einen würzigen Geschmack nach Sauerteig, Teffmehl,
Hafer und Buchweizenmehl.*

- In einer Schüssel alle Zutaten bis auf Fiber Husk
  und Xanthangummi mischen und mit Klarsichtfolie
  abdecken.
- 4 Stunden stehen lassen, damit der Teig gehen kann.
- Fiber Husk und Xanthangummi untermischen.
- 10 Minuten ruhen lassen.
- Mit angefeuchteten Händen den Teig zu 10 Brötchen
  formen und auf ein mit Backpapier belegtes Blech
  legen.
- Das Blech in den abgeschalteten Ofen geben und eine
  Form mit kochend heißem Wasser auf den Boden des
  Ofens stellen. Das bewirkt, dass die Umgebung feucht
  und warm bleibt.
- Die Brötchen im abgeschalteten Ofen 4 Stunden gehen
  lassen.
- Dann die Brötchen und das Wasser herausnehmen,
  den Ofen auf 250 °C vorheizen.
- Die Brötchen 25 Minuten backen.
- Vor dem Aufschneiden abkühlen lassen.

10 BRÖTCHEN

120 G SAUERTEIG AUS
  TEFF (SIEHE S. 55)

550 G WASSER IN
  ZIMMERTEMPERATUR

200 G BUCHWEIZENMEHL

200 G GLUTENFREIES
  HAFERMEHL

100 G TEFFMEHL

20 G HONIG

1½ TL SALZ

20 G FIBER HUSK

1 TL XANTHANGUMMI

Finnisches Sauerteigbrot

Ein herrlich säuerliches Brot, das mehrere Tage frisch bleibt.

- Alle Zutaten bis auf Fiber Husk zu einem glatten Teig verarbeiten.
- Unter Rühren Fiber Husk hinzufügen, sodass sich keine Klumpen bilden.
- In einer mit Klarsichtfolie abgedeckten Schüssel über Nacht oder ca. 12—16 Stunden gehen lassen.
- Dann den Teig mit angefeuchteten Händen zu einem runden Laib formen und mit Buchweizenmehl bestreuen.
- Das Brot ca. 4 Stunden auf einem mit Backpapier belegten Backblech gehen lassen.
- Dann im vorgeheizten Ofen bei 175 °C 1½ Stunden backen.
- Abkühlen lassen.

1 BROT

150 G SAUERTEIG AUS
  TEFF (SIEHE S. 55)
400 G LAUWARMES
  WASSER
150 G BUCHWEIZEN-
  FLOCKEN
150 G TEFFMEHL
100 G BUCHWEIZENMEHL
1½ TL SALZ
15 G FIBER HUSK

BUCHWEIZENMEHL ZUM
  BESTREUEN

Sauerteigbrot aus Mais und Reis

Ein weiches Sauerteigbrot, das ganz einfach zu backen ist und lange saftig bleibt.

- Alle Zutaten zu einem Teig verarbeiten, am besten in einer Knetmaschine mit einem Flügelmesser.
- Den Teig in einer mit Klarsichtfolie abgedeckten Schüssel ca. 6 Stunden gehen lassen.
- Mit angefeuchteten Händen den Teig zu einem Brot formen und auf ein mit Backpapier belegtes Blech legen.
- Das Brot auf dem Blech 3 Stunden gehen lassen.
- Im vorgeheizten Ofen bei 200 °C 1 Stunde backen.
- Abkühlen lassen.

1 BROT
150 G SAUERTEIG AUS
MAIS UND REIS
(SIEHE S. 56)
350 G WASSER IN
ZIMMERTEMPERATUR
1 TL SALZ
80 G REISMEHL
150 G BUCHWEIZENMEHL
100 G MAISMEHL
10 G FIBER HUSK

Sauerteigbrot mit Teff-Sauerteig

Ein etwas helleres, ungesüßtes Sauerteigbrot, das man am besten am gleichen Tag isst, an dem es gebacken wird. Man kann es auch gut rösten oder Toast aus Brot machen, das nicht am ersten Tag verbraucht wird.

- Alle Zutaten bis auf Fiber Husk und Xanthangummi zu einem glatten Teig verarbeiten.
- Unter Rühren Fiber Husk und Xanthangummi zugeben und alles gut vermengen.
- Den Teig in einer mit Klarsichtfolie abgedeckten Schüssel ca. 14 Stunden ruhen lassen.
- Den Teig herausnehmen und mit ein wenig Reismehl zu einem Brot formen.
- Das Brot einschneiden und 4–5 Stunden auf einem mit Backpapier belegten Backblech ruhen lassen. Am besten decken Sie es mit Klarsichtfolie ab, damit es nicht austrocknet.
- Den Ofen auf 250 °C vorheizen.
- Dann das Brot bei 225–250 °C 1 Stunde backen. Vor dem Aufschneiden abkühlen lassen.

1 BROT

100 G SAUERTEIG AUS
  TEFF (SIEHE S. 55)
250 G LAUWARMES
  WASSER
125 G REISMEHL
180 G KARTOFFELMEHL
30 G MAISMEHL
40 G RAPSÖL
1 EIWEISS
1½ TL SALZ
10 G FIBER HUSK
1 TL XANTHANGUMMI

REISMEHL ZUM FORMEN
  DES BROTES

Grissini
mit Sauerteig und Mohn

Dies sind leckere Appetithäppchen für Ihr Buffet oder ein Picknick. Wegen der langen Ruhezeit können Sie den Teig weit im Voraus vorbereiten und die Grissini dann backen, wenn Sie sie brauchen.

- Alle Zutaten bis auf Fiber Husk vermengen.
- Unter Rühren Fiber Husk zugeben und alles von Hand oder in der Maschine gut vermengen.
- Den Teig in einer mit Klarsichtfolie abgedeckten Schüssel ca. 10—12 Stunden ruhen lassen.
- Den Ofen auf 225 °C vorheizen.
- Aus dem Teig 16 Teile vorbereiten und diese mit etwas Reismehl zu Stangen rollen, ca. 1 cm im Durchmesser.
- Die Grissini mit Wasser besprühen oder bepinseln und dann in Mohn wälzen.
- Anschließend auf ein mit Backpapier belegtes Backblech legen und 10—15 Minuten backen.
- Abkühlen lassen.

16 GRISSINI
190 G SAUERTEIG
  AUS MAIS UND REIS
  (SIEHE S. 56)
190 G KALTES WASSER
180 G REISMEHL
50 G MAISMEHL
50 G MAISSTÄRKE
1 TL SALZ
2 TL FIBER HUSK

CA. 50 G HELLER UND/
ODER BLAUER MOHN
REISMEHL ZUM FORMEN
DER GRISSINI

Wie man Brotrezepte entwickelt

Unsere Arbeit zielt darauf ab, etwas ganz Neues zu schaffen. Dafür brauchen wir nicht nur ein fundiertes Wissen, sondern auch Geduld und Sorgfalt.

Es ist nicht so einfach, sich ganz neue glutenfreie Rezepte auszudenken. Meist wissen wir, wie das Ergebnis aussehen soll, aber nicht, wie wir das erreichen. Auf dem Weg von der Idee bis zum fertigen Produkt braucht man eine sehr große Portion Geduld, um daraus Kraft zu schöpfen, denn in der Regel fasst man im Feinschliff jedes Detail unzählige Male an. Es ist wirklich gut, dass wir zu zweit sind und uns zu unseren Ideen untereinander austauschen können.

Im Frühjahr 2014 haben wir z.B. in London ein fantastisches Toastbrot gegessen, das wir kopieren wollten. Es waren sicher gut zwanzig Versuche nötig, bis wir mit dem Ergebnis voll und ganz zufrieden waren. Meist beginnt man mit dem Experimentieren zunächst beim Mehl. Und wenn man das Gefühl hat, dass es perfekt ist, geht es an die Verarbeitung des Teigs. Sollte er einmal oder mehrere Male gehen? Wie lange sollte er backen, kann er frisch gebacken und lauwarm gegessen werden oder muss er zunächst abkühlen?

Und selbst wenn man alles unzählige Male ausprobiert hat, kommt es vor, dass man trotzdem nicht hundertprozentig zufrieden ist. Und dann muss man von vorne anfangen. Gerade bei diesem Toast fühlte es sich an, als hätten wir nach und nach all unsere Hoffnung, unsere Ideen und unsere Geduld verloren. Doch dann fiel uns ein, dass der Hefeteig für die Teilchen aus unserem Buch „Süß und glutenfrei backen" ein guter heller Teig war — vielleicht konnte man den als Grundlage nehmen, um ein helles Brot zu entwickeln? Es klappte nicht gleich beim ersten Versuch, aber wir fühlten, dass wir auf der richtigen Spur waren, und nach ein paar Modifizierungen hatten wir ein Kastenweißbrot, das uns schmeckte und das wir rösten konnten. Genau dieses Gefühl, wenn es einem endlich gelingt, ist die ganze Mühe wert. All die Brote, die unterwegs im Müll gelandet sind, waren nicht vergebens.

Wenn wir Rezepte entwickeln, backen wir beide nicht selten 3–4 Tage am Stück, weil wir 400 km weit voneinander entfernt wohnen und uns nicht jeden Tag sehen können. Dann legen wir alle Rezepte und Rezeptentwürfe für eine Weile zur Seite. Beim nächsten Mal, wenn wir uns treffen, backen wir die Rezepte, die wir vorher entwickelt haben, um zu überprüfen, ob sie wirklich so gut sind, wie wir sie in Erinnerung haben. Die Rezepte, die diesen Test bestehen, kommen in den „Behalten"-Ordner.

Weil wir so viel backen, erinnern wir uns manchmal nicht mehr genau, wie ein bestimmtes Brot geschmeckt hat. Und dann wundern wir uns, wie lecker es schmeckt, wenn wir es erneut backen. Dieses Gefühl bekommen wir häufig — ein weiterer Antrieb für die Entwicklung neuer Rezepte.

Sehr gerne nehmen wir konkrete Fragen zu einem speziellen Rezept an, weil wir dann vielen Menschen das geben können, was sie vermissen. Vor unserem glutenfreien Kochbuch erzählten uns viele, sie würden ein Rezept für glutenfreie Karelische Piroggen vermissen. Zunächst durfte Maria ein paar Varianten des Originalrezepts mit Roggenmehl backen und fertige Piroggen kaufen, um sie zu vergleichen. Dann mussten wir ein Rezept entwickeln, das dem Original so nah wie möglich kommt, um unser Ergebnis dann Menschen, die viele Karelische Piroggen gekostet hatten, zum Probieren zu geben. In diesem Buch haben wir auch eine neue Version des Gotland-Brotes entwickelt, ein Brot, das Jessica vermisst hat, seit sie 2001 die Diagnose Zöliakie bekam. Es wirkt beinahe schon wie Magic, wenn man ein Brot kreiert, bei dem man schon beim ersten Bissen auf eine Reise in die eigene Kindheit geschickt wird.

Unsere Testesser sind in dem Prozess sehr wichtig. Zunächst einmal müssen wir selbst die Rezepte mögen, und wir haben anfangs einen ganz unterschiedlichen Geschmack. Dann beziehen wir aber auch andere in die Tests ein, um ihre Ansichten zu hören.

Wenn wir uns mit unseren Broten und Rezepten vertraut gemacht haben, können wir sie weiterentwickeln, um daraus Rezepte zu Ihren Lieblingsbrotsorten zu entwickeln.

Die Rezepte, die sich noch in der Entwicklung befinden, bewahren wir in einem getrennten Ordner auf, in den wir unsere Notizen eintragen.

Knäckebrötchen

Diese Brötchen haben eine besondere Geschichte. Eigentlich hatten wir in unserem Rezeptordner nämlich ein Rezept für Knäckebrot abgelegt, aber als wir es dann noch einmal backen wollten, stellten wir fest, dass wir vermutlich etwas falsch aufgeschrieben hatten, denn der Teig war viel zu locker, um daraus Knäckebrot zu machen. Daher probierten wir, den Teig stattdessen zu Brötchen zu verarbeiten, damit wir ihn nicht wegwerfen mussten. Und die Brötchen wurden so lecker, dass wir beschlossen, sie unter dem Namen Knäckebrötchen ins Buch mit aufzunehmen.

- Alle Zutaten bis auf Fiber Husk zu einem glatten Teig verarbeiten.
- Unter Rühren Fiber Husk zugeben und alles gut vermengen.
- Den Teig in einer mit Klarsichtfolie abgedeckten Schüssel ca. 1 ½ Stunden gehen lassen.
- Den Teig in 6 Stücke teilen und diese mit eingeölten Händen zu Brötchen formen.
- Brötchen auf ein mit Backpapier belegtes Backblech legen und leicht flach drücken.
- Auf dem Blech 30 Minuten gehen lassen.
- Im vorgeheizten Ofen bei 175 °C ca. 20 Minuten backen.
- Abkühlen lassen.

6 BRÖTCHEN

300 G KALTES WASSER
10 G FRISCHE HEFE
200 G TEFFMEHL
10 G DUNKLER SIRUP
1 TL SALZ
30 G MAISSTÄRKE
10 G FIBER HUSK

NEUTRALES ÖL ZUM
FORMEN DER BRÖTCHEN

Sesambrot

Ein saftiges Brot mit knusprigem Sesam. Das Brot hat ein mildes Aroma und passt gut zum Frühstück oder zu einer Zwischenmahlzeit.

- Alle Zutaten bis auf Fiber Husk zu einem glatten Teig verarbeiten.
- Unter Rühren Fiber Husk hinzufügen, sodass sich keine Klumpen bilden.
- Den Teig in einer mit Klarsichtfolie abgedeckten Schüssel ca. 2 Stunden gehen lassen.
- Anschließend zu einem länglichen Brot formen und mit Sesam bestreuen.
- Auf dem Blech 30 Minuten gehen lassen.
- Im vorgeheizten Ofen bei 225 °C 1 Stunde backen.
- Bevor Sie es aufschneiden, das Brot abkühlen lassen.

1 BROT
600 G KALTES WASSER
10 G FRISCHE HEFE
30 G HONIG
200 G MAISMEHL
100 G BUCHWEIZENMEHL
100 G REISMEHL
80 G SESAM
2 TL SALZ
40 G FIBER HUSK

SESAM ZUM BESTREUEN

Olivenbrot

Ein Brot mit vielen herrlichen Aromen, welche die Gedanken zu einem Sommertag am Mittelmeer abschweifen lassen. Passt perfekt auf ein Buffet oder als Beilage zum Essen.

- Hefe im Wasser auflösen und die übrigen Zutaten bis auf Fiber Husk, Xanthangummi, Oliven, sonnengetrocknete Tomaten, Mozzarella und Basilikum untermischen.
- Unter Rühren Fiber Husk und Xanthangummi zugeben und alles gut vermengen.
- Oliven, sonnengetrocknete Tomaten, Mozzarella und Basilikum hinzufügen und untermischen.
- Den Teig in einer mit Klarsichtfolie abgedeckten Schüssel ca. 1 Stunde gehen lassen.
- Zu einem länglichen Brot oder einem Ring formen und mit Öl bepinseln.
- Auf einem mit Backpapier belegten Backblech 1 Stunde gehen lassen.
- Im vorgeheizten Ofen bei 200 °C 45 Minuten backen.
- Vor dem Aufschneiden das Brot abkühlen lassen, aber am besten noch am gleichen Tag verzehren.

1 BROT
25 G FRISCHE HEFE
350 G KALTES WASSER
70 G KICHERERBSENMEHL
150 G REISMEHL
150 G KARTOFFELMEHL
75 G RAPSÖL
1 TL WEISSWEINESSIG
1 ½ TL SALZ
10 G FIBER HUSK
2 TL XANTHANGUMMI
60 G OLIVEN
50 G IN STREIFEN GESCHNITTENE SONNENGETROCKNETE TOMATEN IN ÖL
125 G MOZZARELLA
15 G FRISCHES BASILIKUM (1 TOPF)

ÖL ZUM BEPINSELN

Hamburger-Brötchen

*Es gibt kaum etwas, das so gut schmeckt wie selbstge-
machte Hamburger. Und dazu braucht man natürlich auch
frisch gebackene Brötchen! Dies sind unsere leckeren
Hamburger-Brötchen, die am besten am gleichen Tag
serviert werden sollten, an dem sie gebacken werden.*

- Hefe in Wasser auflösen und die übrigen Zutaten bis
  auf Fiber Husk und Xanthangummi untermischen.
- Unter Rühren Fiber Husk und Xanthangummi zugeben und
  alles gut vermengen.
- Den Teig in einer mit Klarsichtfolie abgedeckten
  Schüssel ca. 1 Stunde gehen lassen.
- Mit ein wenig Reismehl den Teig zu 8 Brötchen for-
  men.
- Evtl. 1 Ei mit etwas Salz und 1 EL Milch verquirlen
  und damit die Brötchen bepinseln.
- Mit Sesam bestreuen.
- Auf einem mit Backpapier belegten Backblech 1 Stunde
  gehen lassen.
- Im vorgeheizten Ofen bei 225 °C 20 Minuten backen.
- Unter einem sauberen Küchenhandtuch abkühlen lassen.
- Am gleichen Tag servieren.

8 BRÖTCHEN

15 G FRISCHE HEFE
500 G KALTES WASSER
230 G KARTOFFELMEHL
230 G REISMEHL
70 G MAISMEHL
20 G ZUCKER
2 TL SALZ
15 G FIBER HUSK
½ TL XANTHANGUMMI

REISMEHL ZUM FORMEN
  DER BRÖTCHEN
GGF. 1 EI, 1 PRISE
  SALZ UND 1 EL MILCH
  ZUM BEPINSELN
SESAM ZUM BESTREUEN

Milo-Baguette

Ein etwas rustikaleres Baguette mit dem Geschmack von Milo.

- Getrennt voneinander die trockenen und die nassen Zutaten miteinander mischen.
- Dann die trockenen Zutaten zu den nassen geben und den Teig in der Maschine oder mit einem Handrührgerät ein paar Minuten kneten.
- Den Teig in einer mit Klarsichtfolie abgedeckten Schüssel 1 Stunde gehen lassen.
- Dann herausnehmen und mit leicht eingeölten Händen zu zwei Baguettes formen.
- Die Baguettes gründlich in Reismehl wälzen und ein paar Mal verdrehen.
- Anschließend auf ein mit Backpapier belegtes Backblech legen und 1 Stunde gehen lassen.
- Baguettes im vorgeheizten Ofen bei 225 °C 30 Minuten backen.
- Vor dem Aufschneiden leicht abkühlen lassen.

2 PORTIONEN

120 G MILOMEHL
160 G REISMEHL
140 G TAPIOKAMEHL
2 TL XANTHANGUMMI
1½ TL SALZ
10 G HONIG
20 G FRISCHE HEFE
15 G OLIVENÖL
3 EIWEISS
230 G KALTES WASSER
1 TL WEISSWEINESSIG

**ÖL UND REISMEHL
  ZUM FORMEN DER
  BAGUETTES**

Kastenweißbrot

An diesem Rezept haben wir lange gefeilt, aber jetzt ist es endlich perfekt! Lassen Sie es sich gut schmecken. Kastenweißbrot lässt sich vielfältig verwenden: als Toast, als Hamburgerbrot, für Croûtons, ganz pur oder als Zutat in der Fleischbällchenmasse. Sie können den Teig in einer Form, als längliches Brot oder als runden Laib backen. Dies ist nur ein Basisrezept.

- Alle Zutaten bis auf Fiber Husk, Xanthangummi und Mohn in eine Schüssel geben.
- Mit dem Handrührgerät oder dem Flügelmesser in der Knetmaschine ca. 5 Minuten verrühren.
- Fiber Husk und Xanthangummi hinzufügen und noch 1 Minute rühren, bis alles gründlich vermischt ist.
- Den Teig in eine Form (1 l Fassungsvermögen) geben und mit Mohn bestreuen.
- Das Brot in der Form 3 Stunden gehen lassen.
- Im vorgeheizten Ofen bei 225 °C 1 Stunde backen.
- Vor dem Verzehr abkühlen lassen.

Alternative

- Den Teig in einer mit Klarsichtfolie abgedeckten Schüssel 1½ Stunden gehen lassen.
- Die Hände anfeuchten und den Teig auf ein mit Backpapier belegtes Backblech stürzen.
- Zu einem runden oder länglichen Brot formen.
- Mit Reismehl bestäuben und auf dem Blech 1 Stunde gehen lassen.
- Im vorgeheizten Ofen bei 225 °C 1 Stunde backen.
- Abkühlen lassen.

1 BROT
350 G KALTES WASSER
20 G FRISCHE HEFE
150 G REISMEHL
50 G MAISMEHL
150 G KARTOFFELMEHL
50 G RAPSÖL
1 EIWEISS
5 G ZUCKER
1½ TL SALZ
10 G FIBER HUSK
10 G XANTHANGUMMI
MOHN

EVTL. REISMEHL ZUM BESTÄUBEN

TIPP!
Wenn Sie keine Eier vertragen, können Sie das Eiweiß auch weglassen; das Brot wird trotzdem lecker. Wir haben das Eiweiß ergänzt, weil wir finden, dass es dem Teig eine noch bessere Konsistenz verleiht.

Alle Zutaten aus dem Rezept in einer Knetmaschine oder mit einem Handrührgerät mischen.

Wenn der Teig gründlich vermischt ist, in eine Schüssel geben.

Die Schüssel mit Klarsichtfolie abdecken, um den Teig feucht zu halten.

Dann den Teig zu einem länglichen oder runden Brot formen und bei 225 °C 60 Minuten backen.

Alternative zum klassischen Kastenweißbrot: z.B. ein runder Laib

Weihnachtsbrot

*Zu Weihnachten möchten wir geradezu in Weihnachts-
gewürzen schwelgen. Dies ist unser weiches, leckeres
Weihnachtsbrot. Man sollte es noch am gleichen Tag,
am besten lauwarm, verzehren.*

- Alle Zutaten bis auf Fiber Husk, Xanthangummi und
  Rosinen zu einem dicken Teig verarbeiten.
- Zum Schluss Fiber Husk und Xanthangummi zugeben
  und alles gründlich vermengen.
- Die Rosinen untermischen.
- Den Teig in eine gefettete Form füllen
  (ca. 1–1 ½ l).
- Mit Buchweizenmehl bestäuben und das Brot in der
  Form 4 Stunden gehen lassen.
- Das Brot im vorgeheizten Ofen bei 200 °C 1 Stunde
  backen.
- Vor dem Verzehr fast vollständig abkühlen lassen.

<u>1 BROT</u>
400 G KALTES WASSER
20 G FRISCHE HEFE
100 G DUNKLER SIRUP
150 G REISMEHL
150 G BUCHWEIZENMEHL
150 G KARTOFFELMEHL
**10 G HAGENBUTTENSCHA-
  LENPULVER**
½ TL SALZ
2 TL GEMAHLENE NELKEN
**3 TL GEMAHLENE POME-
  RANZENSCHALEN**
3 TL BROTGEWÜRZ
15 G FIBER HUSK
1 TL XANTHANGUMMI
70 G ROSINEN

BUTTER FÜR DIE FORM
BUCHWEIZENMEHL
  ZUM BESTÄUBEN
  DES BROTES

Weihnachtsknäcke

Unser Lieblingsknäckebrot, das immer reißenden Absatz findet. Passt perfekt zum Weihnachtsschinken!

- Alle Zutaten zu einem glatten Teig verrühren.
- Den Teig in einer mit Klarsichtfolie abgedeckten Schüssel ca. 1 ½ Stunden gehen lassen.
- Anschließend in 8 gleich große Stücke teilen und rund rollen.
- Jedes Stück zu einer Rolle von 10—15 cm Länge formen.
- Auf einer mit Buchweizenmehl bemehlten Unterlage die Rollen zu Rechtecken ausrollen. Zum Schluss am besten eine Teigrolle mit Prägung einsetzen.
- Jedes Stück in rechteckige Knäckebrotscheiben schneiden.
- Die Knäckebrote sofort im vorgeheizten Ofen bei 200 °C 15 Minuten backen.
- Das Blech herausnehmen, die Knäckebrote wenden und weitere 2 Minuten backen.
- Auf einem Rost abkühlen lassen.

32 KNÄCKEBROTSCHEIBEN

500 G KALTES WASSER
20 G FRISCHE HEFE
200 G GLUTENFREIES HAFERMEHL
50 G MAISSTÄRKE
20 G DUNKLER SIRUP
80 G BUCHWEIZENMEHL
60 G GLUTENFREIE HAFERFLOCKEN
2 PRISEN BROTGEWÜRZ
2 TL HAGEBUTTEN-SCHALENMEHL
1 TL SALZ
10 G POFIBER KARTOF-FELFASERN
20 G FIBER HUSK

BUCHWEIZENMEHL ZUM AUSROLLEN

Haferbrötchen

Der Geschmack von Hafer, Honig und Butter macht diese Brötchen so unglaublich lecker.

- Alle Zutaten bis auf Fiber Husk vermengen.
- Unter Rühren Fiber Husk zugeben und alles gut vermischen.
- Den Teig in einer mit Klarsichtfolie abgedeckten Schüssel 3 Stunden gehen lassen.
- Den Ofen auf 200 °C vorheizen.
- Währenddessen den Teig in 8 Stücke teilen, die Hände anfeuchten und die Stücke zu runden Brötchen rollen.
- Auf ein mit Backpapier belegtes Backblech legen und leicht flach drücken.
- Bei 200 °C 20 Minuten backen.

8 BRÖTCHEN

- 600 G KALTE MILCH (KANN DURCH EINE MILCHFREIE ALTERNATIVE ERSETZT WERDEN)
- 20 G FRISCHE HEFE
- 60 G ZIMMERWARME BUTTER (KANN DURCH EINE MILCHFREIE ALTERNATIVE ERSETZT WERDEN)
- 60 G HONIG
- 300 G GLUTENFREIES HAFERMEHL
- 40 G BUCHWEIZENFLOCKEN
- 60 G HIRSEFLOCKEN
- 1 TL SALZ
- 30 G FIBER HUSK

Früchtebrot

Wenn Sie keine Zeit haben, den Teig gehen zu lassen, ist diese Früchtebrotvariante mit Bicarbonat die richtige Alternative.

- Den Ofen auf 200 °C vorheizen.
- Alle Zutaten bis auf Früchte und Nüsse zu einem glatten Teig verarbeiten. Etwa 5 Minuten quellen lassen, damit die Früchte und Nüsse nicht auf den Grund der Form absinken, wenn Sie das Brot backen.
- Eine längliche Form einfetten (Fassungsvermögen etwa 1 l).
- Rosinen, Aprikosen und Walnüsse untermischen.
- Den Teig in die Form geben und bei 200 °C 45 Minuten backen.
- Das Brot vor dem Aufschneiden abkühlen lassen.

1 BROT
500 G KALTE DICKMILCH
  (KANN DURCH EINE
  MILCHFREIE ALTERNA-
  TIVE ERSETZT WERDEN)
50 G DUNKLER SIRUP
1 TL BICARBONAT
20 G HAGENBUTTEN-
  SCHALENPULVER
100 G BUCHWEIZENMEHL
100 G GLUTENFREIES
  HAFERMEHL
25 G BUCHWEIZENFLOCKEN
2 TL SALZ
2 TL BROTGEWÜRZ
15 G FIBER HUSK
50 G ROSINEN
50 G GETROCKNETE APRI-
  KOSEN, IN KLEINE
  STÜCKE GESCHNITTEN
50 G WALNÜSSE

BUTTER FÜR DIE FORM

Brotküchlein

Brotkuchen ist ein klassisches schwedisches Brot, von dem wir eine glutenfreie Variante entwickelt haben. Die Küchlein sind weich und luftig, genau so, wie sie sein sollten.

- Hefe in Wasser auflösen und die übrigen Zutaten bis auf Fiber Husk untermischen.
- Unter Rühren Fiber Husk zugeben und alles gut vermengen.
- Den Teig in einer mit Klarsichtfolie abgedeckten Schüssel ca. 2 Stunden gehen lassen.
- Anschließend in 4 Stücke teilen.
- Diese in Hafermehl zu 4 Küchlein ausrollen, ca. 1 cm dick, und mit einer Gabel einstechen.
- Die Küchlein auf zwei mit Backpapier belegte Backbleche verteilen und 1 Stunde gehen lassen.
- Im vorgeheizten Ofen bei 225 °C 25 Minuten backen.
- Unter einem Küchenhandtuch abkühlen lassen.

4 KÜCHLEIN
12 G FRISCHE HEFE
400 G KALTES WASSER
20 G SIRUP
130 G HAFERMEHL
130 G REISMEHL
50 G KARTOFFELMEHL
½ TL SALZ
2 TL BROTGEWÜRZ
15 G FIBER HUSK

HAFERMEHL ZUM FORMEN DER KÜCHLEIN

Mandelküchlein

Die Süße der Mandeln macht diese Brötchen besonders.

- Alle Zutaten bis auf Fiber Husk zu einem glatten Teig verarbeiten.
- Unter Rühren Fiber Husk zugeben und alles gut vermengen.
- Den Teig in einer mit Klarsichtfolie abgedeckten Schüssel 2 Stunden ruhen lassen.
- Mit angefeuchteten Händen aus dem Teig 6 Küchlein formen.
- Diese auf ein mit Backpapier belegtes Backblech legen und leicht flach drücken.
- 1 Stunde gehen lassen und dann im vorgeheizten Ofen bei 220 °C 20 Minuten backen.
- Vor dem Verzehr die Küchlein leicht abkühlen lassen.

6 KÜCHLEIN
300 G KALTE MILCH
 (KANN DURCH EINE
 MILCHFREIE ALTER-
 NATIVE ERSETZT
 WERDEN)
20 G FRISCHE HEFE
150 G GLUTENFREIES
 HAFERMEHL
80 G MANDELMEHL
30 G HONIG
½ TL SALZ
15 G FIBER HUSK

Wie sich unsere wege kreuzten

Das Leben ist spannend und lässt sich meist nicht vorhersagen. Vor wenigen Jahren kannten wir uns noch gar nicht. Heute stehen wir beinahe täglich miteinander in Kontakt und arbeiten zusammen an mehreren großen Projekten. Und so fing unsere Geschichte an.

Ungefähr im Frühjahr 2012 war Jessica zu einer Veranstaltung eingeladen, die Maria zusammen mit Kungsörnen, einem schwedischen Hersteller für Getreideprodukte, organisierte. Bei dem Event ging es um „normales" Backen, aber Jessica ging hin, weil es immer schön ist, Neues zu lernen. Wir hatten uns ein paar Mal bei anderen Gelegenheiten getroffen, weil wir in der gleichen Branche arbeiteten, aber darüber hinaus hatten wir keinen Kontakt. Am Ende des Abends kam eine Frau namens Lena zu Maria und meinte: „Diese Jessica, die auch da war ... ich finde, Ihr seid Euch sehr ähnlich. Ihr solltet vielleicht mal etwas zusammen machen." Manchmal sind es so simple Kommentare, die große Dinge in Gang setzen.

Maria wusste, dass Jessica an Zöliakie leidet, und begann zu überlegen, ob man das Angebot an glutenfreien Backwaren verbessern könnte, denn sie war in all den Jahren als Kursleiterin immer wieder gefragt worden, wie man lecker und gleichzeitig glutenfrei backte.

Am nächsten Tag schickte sie Jessica eine E-Mail:

Hallo Jessica,

wie schön, dass Du beim Bake-A-Long von Kungsörnen dabei warst!
Ich bin leider nicht besonders gut darin, mich unter die Leute zu mischen, daher habe ich es nicht geschafft, mit Dir zu sprechen, wie ich es eigentlich vorhatte.
Aber ich muss Dir erzählen, was Lena von Kungsörnen später zu mir sagte. Sie fand, „diese Jessica" sei eine ungeheuer nette, schöne und angenehme Person. Und das kann ich nur bestätigen!
Dann sagte sie noch, dass ihr spontan der Gedanke gekommen war: „Ihr zwei solltet etwas zusammen machen."
Und ich finde, das ist eine tolle Idee! Ich weiß noch nicht richtig, was, aber ich habe erlebt, dass das Thema glutenfreies Backen sehr viele Teilnehmer meiner Kurse interessiert. Es ist ein schwieriges Thema, aber vielleicht sollte man es gerade deshalb ausprobieren. Stell Dir vor, man könnte eine glutenfreie Brotrevolution starten, damit man auch in diesem „Genre" leckeres Brot backen

kann. Vielleicht gelingt es uns sogar, Weizenstärke, Milch und Eier zu vermeiden, dann wäre es richtig allergikerfreundlich. Aber vor allem sollte es gut schmecken!

Mir kam z.B. schon der Gedanke, dass Kartoffeln viel Stärke enthalten und sich doch eignen sollten, um dem Brot ein luftiges Inneres zu verleihen. Aber ich glaube, ich schweife ab …

Also: Was meinst Du? Sollten wir vielleicht mal ein paar Ideen austauschen? Hast Du Zeit und Lust? Ich liebe neue Ideen und Projekte. Meine Kurse mache ich jetzt schon so lange, dass ich sie im Schlaf beherrsche. Ich hätte Lust auf neue Herausforderungen!

Viele Grüße!

Und nach 35 Minuten antwortete Jessica:

JAAAA!! Meine ich. :D

Hatte schon lange vor, mich mal näher damit zu beschäftigen, wusste aber nicht, wo ich anfangen sollte! Das passt also super! Ich denke, wir sollten uns treffen und austauschen, drüber nachdenken und etwas Neues entwickeln. Es ist wirklich dringend nötig, dass sich jemand diesem Thema ernsthaft widmet. Ich hätte im März und im Mai Zeit, im April bin ich bis auf ein paar kleinere Lücken im Kalender schon ziemlich ausgebucht.

Kommst Du in der nächsten Zeit mal nach Stockholm? Sollen wir einen Termin ausmachen?

Wir einigten uns auf Freitag, den 13. April, und hofften, dass uns dieses Datum kein Unglück bringen würde. Es war ein wirklich kalter, regnerischer und grauer Nachmittag, aber in dem Café, das wir als Treffpunkt vereinbart hatten, sprudelten die Ideen geradezu, und wir entschieden uns fast sofort, dass wir einfach ein Brotbackbuch machen „mussten". Denn so ging es einfach nicht weiter. Alle hatten ein Recht auf gutes Brot, fanden wir.

Wir legten ein paar Grundsätze fest, an die wir uns halten wollten:
- Keine Mehlmischungen, nur reine Zutaten
- Techniken des Bäckereihandwerks, lange Ruhezeiten, alles in Gewichtseinheiten
- All das, worauf man bisher verzichten musste: Croissants, Sirupbrot, Tortillas, Baguettes
- Genauso inspirierend wie „normale" Backbücher
- Leckeres Brot — für alle!
- Alle Zutaten müssen in normalen Geschäften erhältlich sein
- Exakte Rezepte, die jedem jedes Mal gelingen

Fünf Tage nach unserem ersten Treffen fingen wir an, Verlage anzuschreiben, Vorträge und Termine auf Messen im Herbst zu buchen. Wir wollten das Buch bis Weihnachten 2012 fertig haben, aber es zeigte sich, dass wir da etwas optimistisch waren. Es dauerte dann doch bis September, bis wir uns mit einem Verlag, bei dem wir uns gut aufgehoben fühlten, 100 % einig waren. Heidi-Maria, unsere erste Redakteurin beim Verlag, erklärte uns freundlich, das Beste sei es, wenn das Buch im Herbst 2013 erschiene. Das war für uns so etwas wie ein Schlag in die Magengrube. Es sollte EIN JAHR dauern, bis unser Buch erscheinen würde? Viel zu spät!, dachten wir. Doch dann ermahnten wir uns zur Vernunft. Wer hatte die Erfahrung beim Herausgeben von Büchern? Natürlich, der Verlag. Und wenn es um so wichtige Entscheidungen geht, würde es wohl das Beste sein, auf sie zu hören.

Wir sind sehr glücklich und dankbar, dass wir uns getroffen und uns getraut haben, vom ersten Tag an alles zu geben. Der Erfolg unserer Zusammenarbeit basiert unserer Meinung nach darauf, dass wir uns auf vielen Ebenen ähnlich sind und die Arbeit daher schnell und reibungslos klappt. Wir sind z.B. beide Zeitpessimisten und kommen daher häufig 30 Minuten früher zu unseren Treffen. Oft sind wir weit vor der Deadline fertig, und wir sind gute Planer, damit wir keinen Stress haben.

Wir sprudeln außerdem beide geradezu über vor Ideen und spinnen die ganze Zeit Ideenfäden für neue Projekte. Mit Sachen, die noch nicht hundertprozentig gut sind, geben wir uns nicht zufrieden. Im Gegenteil wollen wir fast immer noch ein bisschen mehr, und das ist meist gar nicht so wenig. Manchmal müssen wir uns selbst bremsen, wenn wir über die Stränge schlagen bei der Frage, was wir als Kostproben anbieten oder auf der Bühne machen wollen, wenn wir auf Messen auftreten.

Wir lachen gern und sind meistens gut gelaunt, deshalb haben wir eigentlich immer Spaß, wenn wir arbeiten. Wir sagen, was wir denken, und haben keine Hemmungen, Dinge zu diskutieren und uns auch mal nicht einig zu sein. Wir sind davon überzeugt, dass es letztendlich zu einem besseren Ergebnis führt, wenn man ehrlich miteinander umgeht, seinen Stolz herunterschluckt und nicht starrköpfig auf seinem Standpunkt beharrt. Denn was nützen uns zwei Perspektiven, wenn wir am Ende immer selbst Recht behalten wollen?

Betrachtet man unsere Hintergründe und unsere Leben, stellt man fest, dass diese sehr verschieden sind. Doch genau das ist der Schlüssel: Weil wir verschiedene Hintergründe, Erfahrungen und Perspektiven haben, können wir dynamischer und kreativer zusammenarbeiten und voneinander lernen.

Süßes Brot

Wir haben bisher nicht viele Menschen getroffen, die
süßes Brot nicht mögen — weich und süß, mit dem herr-
lichen Geschmack von Brotgewürz.

- Alle Zutaten bis auf Fiber Husk vermengen.
- Unter Rühren Fiber Husk zugeben und alles gut ver-
  mischen.
- Den Teig in eine Form füllen (Fassungsvermögen
  ca. 1–1 ½ l).
- Den Teig in der Form 2 Stunden gehen lassen.
- Im vorgeheizten Ofen bei 200 °C 1 Stunde backen.
- Vor dem Aufschneiden vollständig abkühlen lassen.
  Am besten lässt man es über Nacht ruhen.

1 BROT

450 G KALTES WASSER

20 G FRISCHE HEFE

1 ½ TL BROTGEWÜRZ

180 G BUCHWEIZENMEHL

130 G MAISMEHL

1 TL SALZ

80 G DUNKLER SIRUP

½ EL ESSIG, SORTE
  NACH WAHL

20 G FIBER HUSK

Brioches

Frisch gebackene Brioches sind einfach unwidersteh-
lich!

- Alle Zutaten bis auf Fiber Husk, Xanthangummi,
  Butter und Eier in einer Schüssel verrühren.
- Unter Rühren Fiber Husk und Xanthangummi zugeben und
  alles gut vermengen.
- Butter und Eier in den Teig einarbeiten.

- <u>**Für ein ganzes Brot in einer Kastenform (Fassungs-**</u>
  <u>**vermögen ca. 1 l)**</u>
- Den Teig in die Form geben und darin ca. 3 Stunden
  gehen lassen.
- Mit verquirltem Ei bepinseln.
- Im vorgeheizten Ofen bei 200 °C 1 Stunde backen.

- <u>**Für kleine Brioches**</u>
- Den Teig auf 8 kleine Muffinförmchen verteilen und
  ca. 2 ½ Stunden gehen lassen.
- Mit verquirltem Ei bepinseln.
- Brioches im vorgeheizten Ofen bei 225 °C 25 Minuten
  backen.
- Nach leichtem Abkühlen frisch servieren.

<u>**8 KLEINE FORMEN/**</u>
<u>**1 GROSSE FORM**</u>
300 G KALTES WASSER
20 G FRISCHE HEFE
120 G REISMEHL
60 G MAISMEHL
150 G KARTOFFELMEHL
1 TL SALZ
10 G ZUCKER
10 G FIBER HUSK
2 TL XANTHANGUMMI
100 G ZIMMERWARME
  BUTTER (KANN DURCH
  EINE MILCHFREIE
  ALTERNATIVE ERSETZT
  WERDEN)
2 EIER

EI ZUM BEPINSELN

Teigruhe über Nacht: Brot mit Honig

Wenn es die Zeit zulässt, ist es besser, den Teig über einen längeren Zeitraum, z. B. über Nacht, gehen zu lassen, um ihn dann am nächsten Tag zu backen. So erhält man noch mehr Aroma, und das macht dieses Brotrezept so einfach und lecker.

- Alle Zutaten bis auf Fiber Husk zu einem Teig verarbeiten, am besten in einer Knetmaschine mit einem Flügelmesser.
- In einer mit Klarsichtfolie abgedeckten Schüssel ca. 8—10 Stunden gehen lassen.
- Zu einem Brot formen und dieses auf ein mit Backpapier belegtes Backblech legen.
- Mit Mehl (Sorte nach Geschmack) bestäuben und 30 Minuten gehen lassen.
- Im vorgeheizten Ofen bei 225 °C 1 Stunde backen.
- Vor dem Verzehr abkühlen lassen.

<u>1 BROT</u>
500 G KALTES WASSER
1 G FRISCHE HEFE
  (EIN ERBSENGROSSES
  STÜCK)
25 G HONIG
2 TL SALZ
100 G BUCHWEIZEN-
  FLOCKEN
120 G MILOMEHL
100 G REISMEHL
100 G KARTOFFELMEHL
15 G FIBER HUSK

MEHL ZUM BESTÄUBEN

Körnerkekse

Knusprige Körnerkekse — als Snack oder mit einem Belag gleichermaßen lecker.

- Alle Zutaten bis auf Fiber Husk verrühren.
- Unter Rühren Fiber Husk zugeben und alles gut vermengen.
- Den Teig 10 Minuten ruhen lassen.
- Zwischen 2 Lagen Backpapier dünn ausrollen, dann die obere Lage Papier wegnehmen.
- Im vorgeheizten Ofen bei 200 °C 20 Minuten backen.
- Das Blech aus dem Ofen nehmen und den großen Fladen zu kleinen Rechtecken schneiden.
- Das Blech mit den aufgeschnittenen Keksen in den Ofen stellen und in der Nachwärme stehen lassen, bis der Ofen abgekühlt ist.
- Mit Käse oder auch einfach pur genießen.

1 BLECH

200 G KALTES WASSER
40 G SONNENBLUMEN-
   KERNE
25 G SESAM
10 G CHIASAMEN
½ TL SALZ
125 G BUCHWEIZENMEHL
10 G FIBER HUSK

Baguette

Baguettes mit einem hellen, luftigen Inneren haben wir sehr vermisst. Jetzt ist es uns endlich gelungen, ein Rezept zu entwickeln, mit dem wir sehr zufrieden sind. Den Teig aufsetzen und währenddessen den Picknickkorb mit französischem Käse, Weintrauben und einer Flasche Wein bestücken!

- Alle Zutaten bis auf Fiber Husk und Xanthangummi in eine Schüssel geben.
- Mit dem Handrührgerät oder dem Flügelmesser in der Knetmaschine ca. 5 Minuten verrühren.
- Fiber Husk und Xanthangummi hinzufügen und noch 1 Minute rühren, bis alles gründlich vermischt ist.
- Den Teig in einer mit Klarsichtfolie abgedeckten Schüssel ca. 3 Stunden gehen lassen.
- Den Teig in 4 Stücke teilen und diese zu Baguettes formen. Die Hände anfeuchten, falls der Teig klebt.
- Die Baguettes in Reismehl wenden.
- Auf ein Blech legen und ca. 1 Stunde gehen lassen.
- Im vorgeheizten Ofen bei 225—250 °C 30 Minuten backen.
- Vor dem Verzehr die Baguettes abkühlen lassen.

4 BROTE

350 G KALTES WASSER
20 G FRISCHE HEFE
150 G REISMEHL
50 G MAISMEHL
150 G KARTOFFELMEHL
50 G RAPSÖL
1 EIWEISS
5 G ZUCKER
1 ½ TL SALZ
10 G FIBER HUSK
10 G XANTHANGUMMI

REISMEHL ZUM FORMEN
DER BAGUETTES

TIPP!
Wenn Sie keine Eier vertragen, können Sie das Eiweiß auch weglassen; die Brote werden trotzdem lecker. Wir haben das Eiweiß ergänzt, weil wir finden, dass es dem Teig eine noch bessere Konsistenz verleiht.

Landbrot
mit Milo und Hagebutten

Hagebuttenschalenpulver gehört zu unseren Lieblings-aromen, auf die wir gerne zurückgreifen. Die Hagenbut-ten sorgen für einen frischen Geschmack und enthalten nebenbei auch noch sehr viel Vitamin C.

- Alle Zutaten bis auf Fiber Husk und Xanthangummi in eine Schüssel geben.
- Mit dem Handrührgerät oder dem Flügelmesser in der Knetmaschine ca. 5 Minuten verrühren.
- Fiber Husk und Xanthangummi hinzufügen und noch 1 Minute rühren, bis alles gründlich vermischt ist.
- Den Teig in einer mit Klarsichtfolie abgedeckten Schüssel ca. 2 Stunden ruhen lassen.
- Den Teig mit angefeuchteten Händen zu einem Brot formen. Mit Milomehl bestäuben.
- Das Brot auf ein mit Backpapier ausgelegtes Blech legen und 1 Stunde gehen lassen.
- Im vorgeheizten Ofen bei 225 °C 1 Stunde backen.
- Bevor Sie es verzehren, das Brot mindestens 5 Stun-den abkühlen lassen.

1 BROT

400 G KALTES WASSER
20 G FRISCHE HEFE
50 G DUNKLER SIRUP
40 G HIRSEFLOCKEN
10 G HAGEBUTTEN-
    SCHALENPULVER
150 G REISMEHL
50 G MAISMEHL
150 G KARTOFFELMEHL
70 G MILOMEHL
50 G RAPSÖL
1 EIWEISS
5 G ZUCKER
1½ TL SALZ
10 G FIBER HUSK
10 G XANTHANGUMMI

MILOMEHL ZUM
  BESTÄUBEN

TIPP!
Wenn Sie keine Eier vertragen, können Sie das Eiweiß auch weglassen; das Brot wird trotzdem lecker. Wir haben das Eiweiß ergänzt, weil wir finden, dass es dem Teig eine noch bessere Konsistenz verleiht.

Körnerbrötchen

Hier haben wir ein Rezept entwickelt, das voller gesunder Körner steckt und außerdem kaum Kohlenhydrate enthält. Die Brötchen bleiben lange saftig und sind sehr aromatisch.

- Alle Zutaten aus Schritt 1 mischen und über Nacht stehen lassen, mindestens aber 5 Stunden.
- Die Hefe unterrühren, damit sie sich auflöst.
- Die übrigen Zutaten aus Schritt 2 hinzufügen und 3 Stunden gehen lassen.
- Mit angefeuchteten Händen aus dem Teig 8 Brötchen formen.
- Im vorgeheizten Ofen bei 225 °C 35 Minuten backen.
- Auf einem Rost bis zum nächsten Tag abkühlen lassen.

8 BRÖTCHEN

SCHRITT 1
400 G KALTES WASSER
20 G CHIASAMEN
20 GANZE FLOHSAMEN
10 G HAGENBUTTEN-
SCHALENPULVER
50 G KÜRBISKERNE
50 SONNENBLUMENKERNE
40 G SESAM

SCHRITT 2
10 G FRISCHE HEFE
60 G MANDELMEHL
50 G BUCHWEIZENMEHL
½ TL SALZ
5 G FIBER HUSK

Partybrötchen

Ein schöner Kranz mit Partybrötchen beeindruckt Ihre Partygäste.

- Alle Zutaten bis auf Fiber Husk und Xanthangummi zu einem glatten Teig verarbeiten.
- Unter Rühren Fiber Husk und Xanthangummi zugeben und alles gut vermengen.
- Den Teig in einer mit Klarsichtfolie abgedeckten Schüssel ca. 2 Stunden gehen lassen.
- Dann mit angefeuchteten Händen zu 9 Brötchen formen.
- Eine Springform (Durchmesser 22–24 cm) mit Backpapier auslegen.
- Die Brötchen in die Form legen, dabei Abstand zwischen den Brötchen lassen, damit sie aufgehen können.
- Verschiedene Körner und Samen auf die Brötchen streuen.
- Etwa 1 Stunde gehen lassen.
- Im vorgeheizten Ofen bei 225 °C 40 Minuten backen.
- Vor dem Verzehr leicht abkühlen lassen.

1 KRANZ

300 G KALTES WASSER
20 G FRISCHE HEFE
30 G RAPSÖL
10 G DUNKLER SIRUP
20 G HAFERFLOCKEN
100 G HAFERMEHL
150 G MAISSTÄRKE
1½ TL SALZ
10 G FIBER HUSK
1 TL XANTHANGUMMI

1 SPRINGFORM, DURCHMESSER CA. 24 CM
VERSCHIEDENE KÖRNER UND SAMEN: KÜRBISKERNE, SONNENBLUMENKERNE, SESAM, MOHN

Dänische Mohnbrötchen

Aus Dänemark kommen diese leckeren Brötchen mit Mohn.
Das Falten des Blätterteigs ist etwas kniffelig, aber
sie sind es wert — versprochen. Mit den buttrigen
Brötchen, einem leckeren Belag und frischem Kaffee wird
das Sonntagsfrühstück perfekt.

- Alle Zutaten für den Teig mischen und in einer mit Klarsichtfolie abgedeckten Schüssel 2 Stunden gehen lassen.
- Den Teig auf eine bemehlte Arbeitsfläche stürzen.
- Mit Mehl bestreuen und zu einem ca. 30 × 20 cm großen Rechteck ausrollen.
- Eine Hälfte mit Butter bestreichen und die andere darüberklappen.
- An den Rändern zusammendrücken, dann erneut auf 30 × 20 cm ausrollen. Immer Arbeitsfläche und Oberseite des Teigs mit Mehl bestreuen.
- Den Teig zweimal falten auf ein Drittel der Größe und erneut ausrollen.
- Erneut zweimal falten auf ein Drittel der Größe und ausrollen.
- Und erneut zweimal falten auf ein Drittel der Größe und ausrollen.
- Aus dem Teig 6 gleich lange Streifen schneiden und jeden Streifen folgendermaßen einklappen: Den einen Rand zur Mitte klappen, den anderen darüber.
- Mit der Naht nach unten auf ein mit Backpapier ausgelegtes Backblech legen.
- Mit geschmolzener Butter bepinseln und mit Mohn bestreuen.
- Auf dem Blech noch 1 Stunde gehen lassen.
- Im vorgeheizten Ofen bei 200 °C 20 Minuten backen.
- Vor dem Servieren mindestens 45 Minuten abkühlen lassen.

6 BRÖTCHEN
300 G KALTE MILCH (KANN DURCH EINE MILCHFREIE ALTERNATIVE ERSETZT WERDEN)
1 EI
20 G FRISCHE HEFE
150 G REISMEHL
50 G MAISMEHL
75 G BUCHWEIZENMEHL
75 G KARTOFFELMEHL
20 G ZUCKER
1 TL SALZ
10 G FIBER HUSK
1 TL XANTHANGUMMI

REISMEHL ZUM FORMEN DER BRÖTCHEN
70 G ZIMMERWARME BUTTER (KANN DURCH EINE MILCHFREIE ALTERNATIVE ERSETZT WERDEN)
20 G GESCHMOLZENE BUTTER (KANN DURCH EINE MILCHFREIE ALTERNATIVE ERSETZT WERDEN)
MOHN

Den Teig zu einem Rechteck ausrollen, ca. 30×20 cm groß. Eine Hälfte mit Butter bestreichen und die andere darüberklappen. An den Rändern zusammendrücken, dann erneut auf 30×20 cm ausrollen.

Den Teig zweimal falten auf ein Drittel der Größe und erneut ausrollen. Immer wieder Arbeitsfläche und Oberseite des Teigs mit Mehl bestreuen.

Nochmal zweimal falten auf ein Drittel der Größe und ausrollen. Und dann nochmal zweimal falten auf ein Drittel der Größe und ausrollen. 6 gleich lange Streifen schneiden.

Einen Rand zur Mitte klappen, den anderen darüber. Mit der Naht nach unten auf ein mit Backpapier ausgelegtes Backblech legen.

Zum Schluss die Brötchen mit geschmolzener Butter bepinseln und vor dem Backen mit Mohn bestreuen.

Sonnenblumenkernbrötchen
mit Honig

Sommerlich lecker sind diese Brötchen, die recht intensiv nach Honig und Sonnenblumenkernen schmecken. Je aromatischer der Honig, desto besser.

- Hefe in Milch auflösen und die übrigen Zutaten bis auf Fiber Husk, Xanthangummi und Sonnenblumenkerne untermischen.
- Unter Rühren Fiber Husk und Xanthangummi zugeben und alles gut vermengen.
- Sonnenblumenkerne hinzufügen und unter den Teig heben.
- Den Teig in einer mit Klarsichtfolie abgedeckten Schüssel ca. 2 Stunden gehen lassen.
- Mit angefeuchteten Händen aus dem Teig 8 Brötchen formen.
- Auf einem mit Backpapier belegten Backblech die Brötchen 30 Minuten gehen lassen.
- Im vorgeheizten Ofen bei 200 °C 25 Minuten backen.
- Abkühlen lassen.

8 BRÖTCHEN
20 G FRISCHE HEFE
300 G KALTE MILCH (KANN DURCH EINE MILCHFREIE ALTERNATIVE ERSETZT WERDEN)
25 G ZIMMERWARME BUTTER (KANN DURCH EINE MILCHFREIE ALTERNATIVE ERSETZT WERDEN)
50 G HONIG
50 G GLUTENFREIE HAFERFLOCKEN
100 G REISMEHL
100 G BUCHWEIZENMEHL
1 TL SALZ
10 G FIBER HUSK
1 TL XANTHANGUMMI
50 G SONNENBLUMENKERNE

Dank

Nach so einem Projekt gibt es immer viele Personen, denen wir danken müssen! Zuallererst wollen wir unseren Lesern danken, die unsere bisherigen Bücher gekauft und uns über die sozialen Medien, per E-Mail oder Brief angefeuert haben. Eure warmen Worte bewirken, dass wir die Geduld haben weiterzubacken, auch wenn es mal zäh ist und man zum fünften Mal von vorne anfängt.

Danke an Carina Arnudd und Anna Frisk, dass Ihr uns mit Räumen zum Testbacken und für die Rezeptentwicklung geholfen habt.

Wir wollen auch allen beim Massolit-Verlag danken, die an uns und unsere Bücher glauben. Ein besonderes Dankeschön an Marie-Anne Knutas, die uns bei wichtigen Entscheidungen unterstützt hat und mit der die Arbeit sehr direkt und einfach ist. Danke an Hanna Håkansson für die Hilfe u. a. mit unserem Manuskript.

Danke an alle, die probiert und uns Feedback gegeben haben.

Danke an unsere Lebensgefährten Jimmy und Martin, weil Ihr nie an uns zweifelt, vor allem aber danke, weil Ihr probiert, uns ermuntert und uns ganz praktisch unterstützt, wenn wir etwas nicht schaffen.

Danke an Marias Kinder Mira und Felix, die probieren und uns konstruktives Feedback geben, das uns bei unserer weiteren Arbeit hilft.

Danke an Sonja Dahlgren, unsere wunderbare Fotografin, die nicht nur fantastische Bilder macht, sondern dies auch noch mit einem Lächeln tut. Ohne Dich hätte es nicht so viel Spaß gemacht und wir hätten nicht so tolle Bilder.

Danke auch an Sonjas Familie, die zugelassen hat, dass wir mehrmals für viele Tage ihr Zuhause mit Beschlag belegen durften, um die Fotos zu machen.

Danke an Mikael Engblom. Dank Dir und Deiner hervorragenden Gestaltung kommt das Buch erst richtig zur Geltung.

Und dann möchten wir uns gegenseitig danken. Wir haben vier Bücher zusammen gemacht, und die Zukunft wird zeigen, was unser nächstes Herzensprojekt wird. Ohne einander wären wir nie so gut geworden.

Register

BROT

Aprikosenbrötchen mit Kürbiskernen 50

Baguette 110

Brioches 105

Brotküchlein 94

Ciabatta 42

Dänische Mohnbrötchen 118

Dunkle Brötchen mit Kaffee
  und Hagebutten 41

Einfache Maisbrötchen 46

Finnisches Sauerteigbrot 60

Früchtebrot 93

Früchte-Nuss-Brot 38

Gotland-Brot 26

Grissini mit Sauerteig und
  Mohn 67

Haferbrötchen 90

Hamburger-Brötchen 79

Hotdog-Brötchen 30

Käsebrötchen 37

Kastenweißbrot 83

Kerniges Brot 45

Knäckebrötchen 72

Körnerbrötchen 114

Körnerkekse 109

Landbrot 49

Landbrot mit Milo und Hagebutten 113

Mandelküchlein 97

Milo-Baguette 80

Mohnbrötchen 29

Olivenbrot 76

Partybrötchen 117

Preiselbeerbrot 34

Rosinenbrötchen 33

Sauerteig aus Mais und
  Reis 56

Sauerteig aus Teff 55

Sauerteigbrot aus Mais
  und Reis 63

Sauerteigbrot mit Teff-
  Sauerteig 64

Sauerteigbrötchen 59

Sesambrot 75

Sonnenblumenkernbrötchen
  mit Honig 123

Süßes Brot 102

Teigruhe über Nacht: Brot
  mit Honig 106

Weihnachtsbrot 86

Weihnachtsknäcke 89